Jakob J. Petuchowski

# FEIERTAGE DES HERRN

Jakob J. Petuchowski

# FEIERTAGE DES HERRN

## Die Welt der jüdischen Feste und Bräuche

Herder

Freiburg · Basel · Wien

Umschlagmotiv:
Ausschnitt aus einer spanischen Pessach Haggada
des 14. Jahrhunderts


Herstellung: Freiburger Graphische Betriebe 1984
ISBN 3-451-20266-2

*Herrn Professor Dr. Dr. Johann Maier*
*und dem*
*Martin-Buber-Institut für Judaistik*
*der Universität zu Köln*
*in respektvoller Anerkennung*
*ihrer vorbildlichen Leistungen*
*auf dem Gebiet der wissenschaftlichen Judaistik*
*freundschaftlich gewidmet.*

Das göttliche Gesetz legt uns keine
Askese auf. Vielmehr wünscht es,
daß wir ein Gleichgewicht beibehalten
und jeder geistigen und körperlichen
Fähigkeit gerecht werden, ohne eine
auf Kosten der anderen zu überlasten.
Deine Zerknirschtheit an einem Fasttag
bringt dich Gott nicht näher als
deine Freude am Sabat und an Feiertagen.

JUDAH HALEVI (11./12. Jahrhundert),
*Kusari* II,50.

# Inhalt

# Einleitung

Ganz richtig behauptete Samson Raphael Hirsch (1808–1888), der Begründer der jüdischen Neuorthodoxie, daß des Juden Katechismus sein Kalender sei.[1] Einen von allen Juden anerkannten Katechismus gibt es nicht; aber alle religiösen Juden begehen die Feste des jüdischen Kalenders. Was in einem Katechismus in klar definierten Worten ausgedrückt wird, deutet das jüdische Fest mit rituellen Handlungen und symbolischen Gebräuchen an und überläßt es der Schriftlesung, der Liturgie und der Predigt, die im Fest verkörperten Lehren, Erinnerungen und Bedeutungen in Worte zu fassen. Die jüdische Religion ist eine historische Religion, d.h., sie hat verschiedene Entwicklungsstadien hinter sich. So haben auch die Feiertage eine Entwicklung durchgemacht, sowohl in der Art, in der sie begangen werden, als auch in den Erinnerungen, die sie erwecken, und in den Lehren, die sie vermitteln.

Ausgangspunkt dieses Buches sind die Feiertage, die Jesus und seine Jünger gefeiert haben, denn Jesus hielt sich ja an die Gebote seiner ererbten Religion.[2] Das setzt zunächst einmal die in der hebräischen Bibel erwähnten Feste voraus, schließt aber auch das winterliche Chanukkahfest mit ein, das zwar zu spät eingesetzt wurde, um in der hebräischen Bibel Erwähnung zu finden, aber dennoch in den Makkabäerbüchern und im Johannesevangelium in der katholischen Bibel zur Erinnerung gelangt. Was also die hebräische und die katholische Bibel über die Feste zu sagen haben, mag als das Rohmaterial unserer Ausführungen gelten. Es darf jedoch auch das, was wir aus der etwas späteren rabbinischen Literatur über die Feste wissen, auch nicht unbeachtet bleiben. Zwar hatte die Tempelzerstörung im Jahre 70 n. eine radikale Neugestaltung der Feste zur Folge, da der Tempel mit seinem Opferkult nicht mehr im Mittelpunkt stehen konnte. Aber dennoch enthält die Anfang des dritten Jahrhunderts entstandene Mischnah Erinnerungen an die Feiern zur Zeit des Tempels, von denen mindestens einige auf authentischer Tradition beruhen mögen. So soll denn dieses Büchlein einen für den Laien verständlichen Beitrag zur Information über die „religiöse Umgebung" des Frühchristentums liefern.

Aber das Judentum hat ja mit der Gründung des Christentums nicht aufgehört zu existieren. Die biblischen Feiertage werden immer noch von Juden gefeiert, wie natürlich auch, in christlicher Verklärung, dieses oder jenes Fest in der Kirche seine Aufnahme und seinen Fortbestand fand. Man denke an Pessach – Ostern, an Wochenfest – Pfingsten. So soll denn auch hier das neutestamentliche Zeitalter nicht den Abschluß unserer Betrachtungen bilden; und die Behandlung eines jeden Festes wird in einem Ausblick auf seine Gestaltung unter den heutigen Juden münden. Dadurch wird hoffentlich auch der christliche Leser zu einem besseren Verständnis des Judentums der Neuzeit gelangen.

Das wichtigste jüdische Fest konnte allerdings hier keine Beachtung finden. Es handelt sich um den allwöchentlichen Sabbat, der in zwei von den biblischen Festkalendern ganz am Anfang steht.[3] Der Sabbat mit seinen Geboten und Verboten, mit seinen religiösen, sozialen und eschatologischen Bedeutungen verdient eine ihm allein gewidmete Beschreibung. Kurze Andeutungen über den Sabbat kann der Leser in meinem Buch „Die Stimme vom Sinai" (Freiburg i. Br., 1981) auf den Seiten 69 bis 79 finden.

Unbeachtet bis auf eine in Klammern gesetzte Erwähnung im Kapitel über den jüdischen Kalender blieben ferner die auf geschichtlichen Ereignissen basierenden Fasttage, wie auch nachbiblische Volksfeste, z. B. der 15. Schewat (als Neujahrsfest der Bäume gefeiert) und der 33. Tag der „Omer-Zählung" (ein Freudentag innerhalb der sieben mit großem Ernst begangenen Wochen zwischen dem Pessach- und dem Wochenfest). Diese Tage entbehren einer biblischen Basis und gelten auch heute nicht als wirkliche „Feiertage des Herrn". Unser Buch will aber die „Feiertage des Herrn" darstellen, und nicht das jüdische Jahr als solches.

Die Übersetzungen aus der Bibel sind der „Einheitsübersetzung" (Freiburg i. Br. 1980) entnommen, wurden aber an den Stellen geändert, wo das Verständnis der modernen Übersetzer nicht ganz der von der rabbinischen Tradition vertretenen Auffassung entspricht. In der Transkription des Hebräischen wurde für den Text selbst eine volkstümlich-phonetische Umschreibung, für die Anmerkungen aber eine mehr „wissenschaftliche" gewählt, um dem interessierten Leser das Auffinden der Quellen zu erleichtern.

# I

# Der jüdische Kalender

Nach jüdischer Auffassung, jedenfalls im neutestamentlichen Zeitalter und danach, fängt der Tag mit Sonnenuntergang an und hört mit Sonnenuntergang auf. Als Grund dafür wird die Schöpfungsgeschichte im ersten Kapitel der Genesis angegeben, wo das Schema „Es wurde Abend, und es wurde Morgen: erster Tag" usw. lautet. Auch im Christentum hat sich für das Weihnachtsfest, das mit Heiligabend anfängt, und, in manchen Kirchen, für Ostern diese alte Tagesberechnung erhalten.

Das Jahr zerfällt in zwölf Monate, in Schaltjahren in dreizehn. Der Monat fängt mit dem Neumond an, was in der Antike und Spätantike tatsächlich noch die wirkliche Sichtung des neuen Mondes bedeutet. Dazu nahm man Berichte von Zeugen auf und gab dann durch Feuersignale den Anfang eines neuen Monats in ganz Palästina bekannt. Um die Juden außerhalb Palästinas davon zu benachrichtigen, sandte man zu Anfängen von Monaten, in denen wichtige Feste gefeiert wurden, Boten in die benachbarten Länder aus. Dennoch besteht das jüdische Jahr nicht ausschließlich aus Mond-Monaten. Das Mondjahr ist bekanntlich kürzer als das Sonnenjahr, und die landwirtschaftlichen Jahreszeiten und die mit ihnen zusammenhängenden religiösen Feste hängen weit mehr von der Sonne als vom Mond ab. In Jahren, wo zu befürchten war, daß, wenn allein nach dem Mond berechnet, das Pessachfest (das ein Frühlingsfest sein soll, an dem Gott für die erste Ernte des Jahres gedankt wird) zu früh kommen würde, setzten die religiösen Behörden nach Prüfung der Lage von Ackerbau und Viehzucht einen Schaltmonat ein, und zwar einen dreizehnten Monat. Denn der erste Monat des Jahres, in den das Pessachfest fällt, mußte unbedingt *der* Frühlingsmonat sein, und er hieß auch ursprünglich *Abib,* was „Frühling" bedeutet.[1]

Im allgemeinen aber wurden die Monate einfach „erster Monat", „zweiter Monat", „dritter Monat" usw. benannt, und so heißen sie in den verschiedenen Festkalendern der Bibel. Die jetzt noch üblichen, hauptsächlich babylonischen Monatsnamen, wie *Nissan, Ijjar, Siwan* usw., sollen einer rabbinischen Tradition zufolge erst von den aus der babylonischen Gefangenschaft heimkehrenden Exulanten nach Palästina mitgebracht worden sein.[2]

Was hier kurz beschrieben wurde, gilt für den Kalender des pharisäischen und des frührabbinischen Judentums. Daß es in der biblischen Zeit verschiedene andere Kalender gegeben hat, wurde von Julian Morgenstern ausführlich dargelegt.[3] Auch das Buch der Jubiläen und die Schriftrollen von Qumran setzen ein von dem hier beschriebenen Lunisolarjahr stark abweichendes Solarjahr voraus.

Um sicher zu sein, daß die Juden außerhalb Palästinas die Feste immer an den gleichen Tagen wie ihre palästinensischen Glaubensbrüder feiern, was ja bei den aufgrund von der Sichtung des Mondes berechneten Monaten manchmal zweifelhaft sein konnte, führte man den Brauch ein, daß die Juden außerhalb Palästinas immer da zwei Feiertage hielten, wo die Bibel nur einen Feiertag anordnete. Eine Ausnahme bildet hier der Versöhnungstag, da man die Menschen nicht zwei Tage hintereinander fasten lassen wollte. Beschreibt z.B. die Bibel das Pessachfest als ein siebentägiges Fest, dessen erster und siebter Tag als „heilige Versammlungen" gelten, an denen keine Arbeit geleistet werden darf, so hielten die Juden außerhalb Palästinas ein *achttägiges* Pessachfest, von dem sie die ersten *zwei* Tage und die letzten *zwei* Tage als „heilige Versammlungen" feierten. Mehr als über einen Tag konnte man sich nämlich nicht irren, selbst wenn die Boten mit Verspätung im Ausland ankamen. Und so feierte ganz Israel die Feiertage des Herrn „zur festgesetzten Zeit".[4]

Als dann um das vierte christliche Jahrhundert die astronomische und mathematische Kalenderberechnung genügend Fortschritte gemacht hatte, so daß man die Monatsanfänge für ewige Zeiten vorausberechnen konnte und geschriebene (später: gedruckte) Kalender angefertigt werden konnten, wäre an sich der zusätzliche Feiertag außerhalb Palästinas hinfällig geworden. Jedoch hing man schon zu sehr an der Tradition, um das Herkömmliche aufzugeben. Erst das englische und das amerikanische Reformjudentum des neunzehnten Jahrhunderts wagte den Schritt, die sogenannten „zweiten Feiertage der Diaspora" abzuschaffen; und erst in der zweiten Hälfte des zwanzigsten Jahrhunderts erlaubte das konservative Judentum in Amerika den einzelnen Gemeinden zu entscheiden, ob sie den „zweiten Feiertag" beibehalten wollen oder nicht. Eine Ausnahme bildet hier das Neujahrsfest, wo die Konservativen auf die Beibehaltung des „zweiten Feiertags" bestehen, – der übrigens auch in einigen Reformgemeinden wieder eingeführt worden ist. Er wird nämlich auch im Lande Israels gefeiert, obwohl er dort scheinbar erst im zwölften Jahrhundert von jüdischen Pietisten aus Europa eingeführt worden ist.[5]

Warum das *Neujahrs*fest überhaupt erst im *siebten* Monat gefeiert wird, ist eine Frage, die in dem diesem Fest gewidmeten Kapitel ihre Antwort finden wird. Auf jeden Fall soll sich der Leser merken, daß alle hier beschriebenen Feste am vorangehenden Abend anfangen und daß, mit Ausnahme des Versöhnungstages, für jeden im biblischen Festkalender vorgesehenen Feiertag das traditionelle Diasporajudentum zwei Tage feiert.

### Nissan (März/April)

### 15.–21., *Das Pessachfest*

Im ersten Monat, am vierzehnten Tag des Monats, zur Abenddämmerung, ist Pessach zur Ehre des Herrn. Am fünfzehnten Tag dieses Monats ist das Fest der Ungesäuerten Brote zur Ehre des Herrn. Sieben Tage sollt ihr ungesäuertes Brot essen. Am ersten Tag habt heilige Versammlung; ihr dürft keine schwere Arbeit verrichten. Sieben Tage hindurch sollt ihr ein Feueropfer für den Herrn darbringen. Am siebten Tag ist heilige Versammlung; da dürft ihr keine schwere Arbeit verrichten ... Wenn ihr in das Land kommt, das Ich euch gebe, und wenn ihr dort die Ernte einbringt, sollt ihr dem Priester die erste Garbe eurer Ernte bringen. Er soll sie vor dem Herrn hin- und herschwingen und sie so darbringen, damit ihr Annahme findet. Am Tag nach dem Ruhetag soll der Priester die Garbe schwingen ... Vor diesem Tag, bevor ihr eurem Gott die Opfergabe gebracht habt, dürft ihr kein Brot und kein geröstetes oder frisches Korn essen ... Levitikus 23, 5–14

Achte auf den Monat Abib, und feiere dem Herrn, deinem Gott, das Pessachfest; denn im Monat Abib hat der Herr, dein Gott, dich nachts aus Ägypten geführt. Du sollst dem Herrn, deinem Gott, das Pessachopfer und Schafe und Rinder schlachten an der Stätte, die der Herr auswählen wird, um dort Seinen Namen wohnen zu lassen. Du sollst nichts Gesäuertes dazu essen. Sieben Tage lang sollst du ungesäuertes Brot dazu essen, die Speise der Bedrängnis, damit du dein ganzes Leben des Tages gedenkst, an dem du aus Ägypten gezogen bist. Denn in Hast bist du aus Ägypten gezogen. In deinem ganzen Gebiet soll sieben Tage lang kein Sauerteig zu finden sein ... Deuteronomium 16, 1–4

IJJAR (April/Mai)

(18., *Lag Ba'Omer*

Der 33. Tag der Zählung der Tage zwischen dem Pessach- und dem Wochenfest, ein froher Tag innerhalb dieser sonst der Trauer um Märtyrer gewidmeten sieben Wochen. Von den jüdischen Mystikern wird *Lag Ba'Omer* freudig als Sterbetag des vermeintlichen Verfassers des *Sohar,* Rabbi Simeon bar Jochai, gefeiert.)

Siwan (Mai/Juni)

6., *Das Wochenfest (Schawu'oth)*

Vom Tag nach dem Ruhetag, an dem ihr die Garbe für die Darbringung gebracht habt, sollt ihr sieben volle Wochen zählen. Zählt fünfzig Tage bis zum Tag nach der siebten Woche, und dann bringt dem Herrn ein neues Speiseopfer dar! Bringt als Erstlingsgaben für den Herrn aus euren Wohnsitzen zwei Brote dar ... Am selben Tag ruft eine heilige Versammlung aus, und haltet sie ab! Da dürft ihr keine schwere Arbeit verrichten. Levitikus 23, 15–21

Du sollst sieben Wochen zählen. Wenn man die Sichel an den Halm legt, sollst du beginnen, die sieben Wochen zu zählen. Danach sollst du dem Herrn, deinem Gott, das Wochenfest feiern und dabei eine freiwillige Gabe darbringen, die du danach bemißt, wie der Herr, dein Gott, dich gesegnet hat. Du sollst vor dem Herrn, deinem Gott, fröhlich sein, du, dein Sohn und deine Tochter, dein Knecht und deine Magd, auch die Leviten, die in deinen Stadtbereichen Wohnrecht haben, und die Fremden, Waisen und Witwen, die in deiner Mitte leben. Du sollst fröhlich sein an der Stätte, die der Herr, dein Gott, auswählt, um dort Seinen Namen wohnen zu lassen. Deuteronomium 16, 9–11

Tammus (Juni/Juli)

(17., *Fasttag des 17. Tammus.*

In Erinnerung an die von Nebukadnezzar geschlagene Bresche in die Mauern Jerusalems. Vgl. 2 Könige 25, 4)

Aw (Juli/August)

(9., *Fasttag des 9. Aws.*

In Erinnerung an die Zerstörungen des ersten und des zweiten Jerusalemer Tempels und auch anderer Katastrophen in der jüdischen Geschichte, wie z. B. die Vertreibung der Juden aus Spanien, die am 9. Aw 1492 stattfand.)

Ellul (August/September)

Tischri (September/Oktober)

1., *Das Neujahrsfest (Rosch Haschanah)*

Im siebten Monat, am ersten Tag des Monats, ist für euch Ruhetag, in Erinnerung gerufen durch Lärmblasen, eine heilige Versammlung. Da dürft ihr keine schwere Arbeit verrichten, und ihr sollt dem Herrn ein Feueropfer darbringen. Levitikus 23,24–25

(3., *Fasttag für Gedalja.*

In Erinnerung an den Mord von Gedalja. Vgl. 2 Könige 25,25)

10., *Der Versöhnungstag (Jom Kippur).*

Am zehnten Tag dieses siebten Monats ist der Versöhnungstag. Da sollt ihr heilige Versammlung halten. Ihr sollt euch Enthaltung auferlegen und dem Herrn ein Feueropfer darbringen. An ebendiesem Tag dürft ihr keinerlei Arbeit verrichten, denn es ist der Versöhnungstag, an dem man euch vor dem Herrn, eurem Gott, entsühnt. Denn jede Person, die sich an diesem Tag nicht Enthaltung auferlegt, soll aus ihren Stammesgenossen ausgemerzt werden. Wer an diesem Tag irgendeine Arbeit verrichtet, den werde Ich aus der Mitte seines Volkes austilgen. Ihr dürft keinerlei Arbeit tun. Das gelte bei euch als feste Regel von Generation zu Generation überall, wo ihr wohnt. Dieser Tag ist für euch ein vollständiger Ruhetag. Ihr sollt euch Enthaltung auferlegen. Vom Abend des neunten Tags in diesem Monat bis zum folgenden Abend sollt ihr Ruhetag halten.

Levitikus 23,27–32

15–22., *Das Laubhüttenfest (Sukkoth)*

Am fünfzehnten Tag dieses siebten Monats ist sieben Tage hindurch das Laubhüttenfest zur Ehre des Herrn. Am ersten Tag, einem Tag heiliger Versammlung, dürft ihr keine schwere Arbeit verrichten. Sieben Tage hindurch sollt ihr ein Feueropfer für den Herrn darbringen. Am achten Tag habt ihr heilige Versammlung, und ihr sollt ein Feueropfer für den Herrn darbringen. Es ist der Tag der Festversammlung; da dürft ihr keine schwere Arbeit verrichten.

Levitikus 23,34–36

Am fünfzehnten Tag des siebten Monats, wenn ihr den Ertrag des Landes erntet, feiert sieben Tage lang das Fest des Herrn! Am ersten und am achten Tag ist Ruhetag. Am ersten Tag nehmt schöne Baumfrüchte, Palmwedel, Zweige von dicht belaubten Bäumen und von Bachweiden, und seid sieben Tage lang vor dem Herrn, eurem Gott, fröhlich! Feiert dieses Fest zur Ehre des Herrn jährlich sieben Tage lang! ... Sieben Tage sollt ihr in Hütten wohnen. Alle Einheimischen in Israel sollen in Hütten wohnen, damit eure kommenden Geschlechter wissen, daß Ich die Israeliten in Hütten wohnen ließ, als Ich sie aus Ägypten herausführte. Ich bin der Herr, euer Gott.

Levitikus 23,39–43

Das Laubhüttenfest sollst du sieben Tage lang feiern, nachdem du das Korn von der Tenne und den Wein aus der Kelter eingelagert hast. Du sollst an deinem Fest fröhlich sein, du, dein Sohn und deine Tochter, dein Knecht und deine Magd, die Leviten und die Fremden, Waisen und Witwen, die in deinen Stadtbereichen wohnen. Sieben Tage lang sollst du dem Herrn, deinem Gott, das Fest feiern an der Stätte, die der Herr auswählt. Wenn dich der Herr, dein Gott, in allem gesegnet hat, in deiner Ernte und in der Arbeit deiner Hände, dann sollst du wirklich fröhlich sein.

Deuteronomium 16,13–15

Cheschwan (Oktober/November)

Kislew (November/Dezember)

25. Kislew – 2. Teweth, *Das Chanukkahfest*

Am Fünfundzwanzigsten des neunten Monats – das ist der Monat Kislew – im Jahr 148 (= 165 v.) standen sie früh am Morgen auf und brachten auf dem neuen Brandopferaltar, den sie errichtet hatten, Opfer dar, so wie sie das Gesetz vorschreibt. Zur gleichen Zeit und am selben Tag, an dem ihn die fremden Völker entweiht hatten, wurde er neu geweiht, unter Liedern, Zither- und Harfenspiel und dem Klang der Zimbeln. Das ganze Volk warf sich nieder auf das Gesicht, sie beteten an und priesen den Gott des Himmels, der ihnen Erfolg geschenkt hatte. Acht Tage lang feierten sie die Altarweihe, brachten mit Freuden Brandopfer dar und schlachteten Heils- und Dankopfer. Sie schmückten die Vorderseite des Tempels mit Kränzen und kleinen Schilden aus Gold; sie erneuerten die Tore und auch die Nebengebäude, die sie wieder mit Türen versahen. Im Volk herrschte sehr große Freude; denn die Schande, die ihnen die fremden Völker zugefügt hatten, war beseitigt. Judas (Makkabäus) faßte mit seinen Brüdern und mit der ganzen Gemeinde Israels den Beschluß, Jahr für Jahr zur selben Zeit mit festlichem Jubel die Tage der Altarweihe zu begehen, und zwar acht Tage lang, vom fünfundzwanzigsten Kislew an. 1 Makkabäer 4, 52–59

Teweth (Dezember/Januar)

1.–2., Die letzten zwei Tage des *Chanukkahfestes*

(10., Fasttag des 10. Teweths
In Erinnerung an den Anfang der Belagerung Jerusalems durch Nebukadnezzar. Vgl. 2 Könige 25, 1)

Schewat (Januar/Februar)

(15., *Der 15. Schewat, Neujahrstag der Bäume*

Ein Volksfest, besonders im heutigen Staat Israel gefeiert, dessen ursprüngliche Bedeutung die für die Verzehntung der Baumfrüchte notwendige Berechnung der „Baumjahre" war. Heute wird dieser Tag mit Bäumepflanzen und mit Essen von Früchten begangen.)

Adar (Februar/März)

(13., *Der Fasttag Esters*

In Erinnerung an das von der Königin Ester veranlaßte Fasten. Vgl. Ester 4, 16)

14., *Das Purimfest*

Mordechai schrieb alles auf, was geschehen war. Er schickte Schreiben an alle Juden in allen Provinzen des Königs Achaschwerosch nah und fern und machte ihnen zur Pflicht, den vierzehnten und den fünfzehnten Tag des Monats Adar in jedem Jahr als Festtag zu begehen. Das sind die Tage, an denen die Juden wieder Ruhe hatten vor ihren Feinden; es ist der Monat, in dem sich ihr Kummer in Freude verwandelte und ihre Trauer in Glück. Sie sollten sie als Festtage mit Essen und Trinken begehen und sich gegenseitig beschenken, und auch den Armen sollten sie Geschenke geben. So wurde bei den Juden das, was sie damals zum erstenmal taten und was Mordechai ihnen vorschrieb, zu einem festen Brauch. Ester 9, 20–23

15., *Das Purimfest von Schuschan*

Die Juden in Susa aber versammelten sich (zum Abwehrkampf) am Dreizehnten und Vierzehnten des Monats; bei ihnen war am Fünfzehnten wieder Ruhe, und sie feierten ihn als Festtag mit Essen und Trinken. Deswegen begehen die Juden in den unbefestigten Orten auf dem Land den vierzehnten Tag des Monats Adar als Festtag, den sie mit Essen und Trinken feiern und an dem sie sich gegenseitig beschenken. Ester 9, 18–19

(Die jüdische Tradition billigt die Feier des „Purimfestes von Schuschan" nur in Städten, die schon zur Zeit des biblischen Josua mit Mauern umgeben waren. Das dürfte sich in heutiger Zeit wohl nur noch auf Jerusalem beziehen.)

### Adar II (Februar/März)

Das ist der Monat, der in einem Schaltjahr eingeschaltet wird, damit der Monat Nissan mit seinem Pessachfest tatsächlich als Frühlingsmonat erkennbar ist; d. h., dieser Monat dient dazu, periodisch das Mondjahr mit dem Sonnenjahr in Einklang zu bringen. In einem Schaltjahr wird dann auch das Purimfest (und der vorangehende Fasttag Esters) im Adar II, und nicht im ersten Adar begangen.

Zwei weitere Bemerkungen seien hier noch zur Darstellung des jüdischen Festkalenders hinzugefügt:

(1) Das Pessachfest, das Wochenfest und das Laubhüttenfest gelten in der Bibel als Wallfahrtsfeste, d. h., es waren die Feste, an denen man nach Jerusalem pilgerte, um im dortigen Tempel die vorgeschriebenen Opfer zu bringen. Zur Zeit des zweiten Tempels wurden diese Wallfahrten nicht nur von den Juden in Palästina, sondern auch von Juden in der Diaspora unternommen. Allerdings, wie der israelische Gelehrte Schemuel Safrai gezeigt hat, heißt das nun nicht, daß alle Juden jedes Jahr an allen drei Wallfahrtsfesten im Jerusalemer Tempel erschienen, sondern nur, daß, wenn man sich dazu entschlossen hatte, einen Festtag in Jerusalem zu verbringen, man sich zu diesem Zweck eins der drei Wallfahrtsfeste wählte.[6]

Aber auch um an den im 16. Kapitel des Buches Levitikus angeführten Riten des Versöhnungstages teilzunehmen, fanden sich viele Auswärtige in Jerusalem ein. So berichtet die Mischnah: „Noch war die Zeit des Hahnenrufes (am Versöhnungstag) nicht angebrochen, da füllte sich schon die Vorhalle des Tempels mit Israeliten."[7]

Mit der Zerstörung des Jerusalemer Tempels im Jahre 70 n. und der Einstellung des Opferkultes entfiel dann auch der Wallfahrts-Charakter der drei biblischen Wallfahrtsfeste. Es ist eine der großen Errungenschaften des rabbinischen Judentums, daß es verstand, diese Feste auch im Familienkreis und in der örtlichen Synagoge feiern zu lassen und den Opferritus des Versöhnungstages durch einen synagogalen Wortgottesdienst zu ersetzen.

(2) Im biblischen Zeitalter scheint auch der Neumondstag als Festtag gefeiert worden zu sein. Jedenfalls wird er als solcher wiederholt in der Bibel erwähnt und auf eine Ebene mit dem Sabbat gestellt.

Als die Frau aus Schunem ihrem Gatten erzählte, daß sie zu Elischa sich auf den Weg macht, fragte sie ihr Mann: „Warum gehst du heute zu ihm? Es ist doch nicht Neumond und nicht Sabbat?"[8] Der Prophet Amos wirft seinen Zeitgenossen vor, so sehr auf geschäftlichen Gewinn aus zu sein, daß ihnen die religiösen Pflichten als störendes Hindernis erscheinen. Er legt ihnen die ungeduldige Frage in den Mund: „Wann ist das Neumondfest vorbei? Wir wollen Getreide verkaufen. Und wann ist der Sabbat vorbei? Wir wollen den Kornspeicher öffnen."[9]

Und in seiner Beschreibung der eschatologischen Zukunft träumt der Prophet, dessen Vision im letzten Kapitel des Jesajabuches enthalten ist, von einer Zeit, wenn alle Menschen Gott anbeten werden:

> An jedem Neumond und an jedem Sabbat
> wird alle Welt kommen,
> um Mir zu huldigen,
> spricht der Herr.[10]

Aus den angeführten drei Bibelstellen ergibt sich, daß man am Neumond wie am Sabbat die Gottesmänner aufsuchte, wahrscheinlich um Belehrung zu erhalten, daß das sabbatliche Werkverbot sich auch auf den Neumond erstreckte und daß der Neumondstag wie der Sabbat dem Gottesdienst geweiht waren. Das hat sich aber nicht so im Judentum erhalten. Zwar wird der tägliche Gottesdienst am Neumondstag immer noch durch das Singen der „*Hallel*-Psalmen" (Psalmen 113–118) und durch zusätzliche Gebete, Schriftvorlesung und liturgische Einschaltungen erweitert, aber sonstige Feierlichkeiten oder etwa gar ein Werkverbot gibt es selbst im sogenannten traditionellen Judentum schon lange nicht mehr. Das bedeutet innerhalb des Judentums eine eigenartige Entwicklung, denn der sonstige Entwicklungsgang lief stets in der entgegengesetzten Richtung: Traditionen mit dem Anspruch, verpflichtend zu sein, häuften sich ständig an. Es wurde nie etwas, das einmal Tradition geworden war, wieder abgeschafft.

Vielleicht wird auch der Neumondstag einmal seine Erneuerung erleben. Bis in das letzte Jahrhundert war es noch Brauch unter den jüdischen Frauen, besonders in Osteuropa, am Neumondstag die üblichen Arbeiten und Beschäftigungen im Haus zu vermeiden. Auch das wurde fallen gelassen. Aber einige Wortführerinnen in der jüdischen Frauenemanzipationsbewegung der letzten Jahrzehnte haben die „Entdeckung" gemacht, daß der Neumondstag ein „Frauenfeiertag" war, und, in Anbetracht der Beziehungen zwischen Mond und dem Zyklus des weiblichen Lebens, wollen sie den Neumondstag wieder zum monatlichen „Feiertag der jüdischen Frau" werden lassen. Allgemein durchgesetzt hat sich das noch nicht.

# II

# Das Pessachfest

Seit uralten Zeiten waren die Hebräer Viehzüchter und Hirten, und als solche lebten sie nach der Art der Nomaden. Haben die Rinder und die Schafe das Grüne einer Fläche abgenagt, dann zieht man weiter zur nächsten Wiese und zur nächsten Oase. „Wenn Pharao euch rufen läßt und fragt, womit ihr euch beschäftigt, dann sagt: Deine Knechte sind von Jugend an bis jetzt Viehzüchter gewesen, wir waren es, und unsere Väter waren es auch schon", bat der biblische Josef seine Brüder.[1] Auch in der Erzählung zum Sündenfall kann man noch die Note des Seufzers mithören, die aus dem Zeitalter stammt, in dem sich die ehemals frei herumziehenden Hirten an ein geregeltes landwirtschaftliches Leben anpassen mußten. „So ist der Ackerboden verflucht deinetwegen", heißt es in dem Fluch, mit dem Adam von Gott nach dem Sündenfall belegt wird. „Unter Mühsal wirst du von ihm essen alle Tage deines Lebens. Dornen und Disteln läßt er dir wachsen, und die Pflanzen des Feldes mußt du essen. Im Schweiße deines Angesichts sollst du dein Brot essen, bis du zurückkehrst zum Ackerboden; von ihm bist du ja genommen."[2] Ein alteingesessener Bauer hätte wohl kaum sein Lebenswerk als Fluch betrachtet oder seine fleißige Arbeit, mit der er aus der Erde das tägliche Brot hervorbrachte, als eine von Gott verhängte Strafe. Aber so konnte tatsächlich die landwirtschaftliche Arbeit von denjenigen empfunden werden, bei denen die nomadische Vergangenheit mit ihrer verhältnismäßigen Ungebundenheit noch gar nicht so weit zurück lag. Und auch das war ein Stadium, das die Nachkommen der alten Hebräer, die Israeliten, zu durchlaufen hatten; denn man findet sie ja später als ansässige Bauernbevölkerung im Lande Kanaan.

Die Jahreszeit, auf die der Hirt wartet und die am meisten sein Herz erfreut, ist der Frühling. Das ist die Jahreszeit, in der die neuen Lämmlein geboren werden und lustig herumhüpfen. Um das Herumhüpfen, das Springen und das Überspringen auszudrücken, verwendet die hebräische Sprache das Verbum *passach.* Als z. B. der Prophet Elija in einer späteren Zeit, in der das Volk Israel schon im Lande Kanaan ansässig war, sein Volk davon überzeugen wollte, daß man nicht dem Gott der Väter, Jahweh, und dem kanaanitischen Gott Baal zu ein und derselben Zeit dienen kann, rief er ihnen zu: „Wie lange noch schwankt ihr (wörtlich: hüpft ihr; hebräisch: *possechim*) nach zwei Seiten?"[3]

Um ihre Dankbarkeit für den Zuwachs in ihren Herden der Gottheit (oder den Gottheiten) zu bezeugen, opferten die Hirten zur Frühlingszeit ein neugeborenes, hüpfendes Lämmlein, ein *pessach.* Hier ist zu beachten, daß in den Opferkulten der alten semitischen Völker nur verhältnismäßig wenige Opfer total von der Flamme auf dem Altar verzehrt wurden. Viele Opfer dagegen waren Familienmahle, zu denen man sozusagen die Gottheit einlud, am freudigen Familienfest teilzunehmen. Sie waren eine konkrete Darstellung von dem schönen Gedanken, der noch heute in einem weitverbreiteten evangelischen Tischgebet in den Vereinigten Staaten seinen Ausdruck findet:

Be present at our table, Lord,
be here and everywhere adored.
Thy creatures bless, and grant that we
may feast in fellowship with Thee.

Eine derartige „Tischgemeinschaft" von Mensch und Gott war sicherlich auch das Pessachopfer, das zur Frühlingszeit von den hebräischen Hirten und ihren Familien in Freude und Dankbarkeit verzehrt wurde. Die Jahreszeit, in der die Natur zu neuem Leben erwacht, war gekommen. Die Flur war wieder grün. Und die Herden vermehrten sich. Das mußte gefeiert werden!

Was ihre Ahnen als Hirtenfest begangen hatten, wurde von den späteren Israeliten als Bauernfest gefeiert. Die Natur zeigt sich ja in der Frühlingszeit nicht nur dem Hirten gütig und wohlwollend. Auch der Bauer atmet in dieser Jahreszeit auf. In Palästina findet zur Frühlingszeit schon die erste Ernte statt. Sie wurde dadurch gefeiert, daß man Brot nun von dem neuen Getreide backte – ohne jegliche Beimischung von altem Brot. Das wirkte sich natürlich in Gestalt und Geschmack des neuen Brotes aus. Damals wurde statt Hefe Sauerteig verwendet, d. h., daß man bei der Herstellung vom Teig immer ein Stück altes Brot mit einmischte, das die Säuerung des neuen Teigs bewirkte. Wurde diese Beimischung aber übergangen, dann konnte das neugebakkene Brot nur *ungesäuertes* Brot werden, hebräisch: *mazzah.* Folglich nannte man das Frühlingsfest, an dem das neue, ungesäuerte Brot verzehrt wurde, Mazzothfest oder „Fest der Ungesäuerten Brote".

Die Freude der Bauern an der Frühlingsernte war gewiß so groß wie die Freude der Hirten an dem Zuwachs ihrer Herden. Auch der Bauer erlebte die Wiedergeburt der Natur, ihre Befreiung von den Fesseln des Winters. Dazu konnte er feststellen, daß das scheinbar „tote" Samenkorn, das er ausgesät hatte und das doch scheinbar in der Erde vermoderte, zu einem neuen Leben erwachte. So feierte auch der Bauer das Frühlingsfest als Fest des neuen Lebens.

Nun sind aber bei der Einwanderung in das Land Kanaan nicht alle hebräischen Hirten Bauern geworden. Es wurden ja auch im Gelobten Land Hirten gebraucht. Vegetarier waren die biblischen Israeliten nicht. Darum mußte es schließlich dazu kommen, daß das Pessachfest der Hirten und das Mazzothfest der Bauern – beides Frühlingsfeste – zu *einem* Fest vereinigt wurden. Die Bibel selbst unterscheidet zwar noch zwischen dem Pessachfest, das am vierzehnten Tag des ersten Monats zur Abenddämmerung gefeiert wird, und dem siebentägigen Fest der Ungesäuerten Brote, das am fünfzehnten Tag dieses Monats anfängt; aber diese zwei Feste wurden so völlig vereint, daß man schon seit etwa zweitausend Jahren das siebentägige Mazzothfest, das mit der Pessachnacht anfängt, einfach „Pessach" nennt, während die Liturgie selbst der Pessachnacht den Namen „Mazzothfest" beilegt. Lamm *und* ungesäuertes Brot sind nun *zusammen* die symbolischen Speisen des Frühlingsfestes. Beide weisen hin auf die Wiedergeburt und auf das neue Leben.

Sie verweisen aber auch noch auf viel mehr. Unter den Völkern der Antike nimmt das Volk Israel eine Sonderstellung ein. Während nämlich so manches Volk seinen Ursprung von Göttern und Helden ableitete, wußte das biblische Israel, daß *sein* Ursprung in der Sklaverei lag. Ja, man könnte sogar behaupten, daß, selbst wenn sich zu dem biblischen Bericht über die Knechtschaft in Ägypten keine anderen zeitgenössischen Belege finden lassen, etwas Wahres jedenfalls an dieser Geschichte sein muß. Denn kein Volk erträumt sich einen derartigen unschmeichelhaften Ursprung. Kein Volk protzt damit, daß seine Vorfahren Sklaven waren, wenn das nicht tatsächlich einer historischen Wirklichkeit entspricht. Und wenn Israel von seinem Gott sprach, dann erinnerte es sich stets an seine erste Begegnung mit diesem Gott, nämlich bei dem Auszug aus Ägypten, aus dem Sklavenhaus – wie es auch gleich am Anfang der Zehn Gebote steht.

Wenn nun dieses biblische Volk Israel seinen Geburtstag als Volk feiert, welche Jahreszeit kommt dann am ehesten in Frage? Natürlich der Frühling! So wie die Natur von den Fesseln des Winters im Frühling befreit wird, so wie das „tote" Samenkorn im Frühling zum neuen Leben erwacht, und so wie die Herden im Frühling Wachstum und Fruchtbarkeit aufweisen, so war es auch im Frühling, daß Israel von den Fesseln der Knechtschaft befreit wurde und zu einem neuen Leben durch Gottes Hilfe und Beistand erwachte.

Die Identifizierung des Frühlingsfestes mit der Jahreszeit,

in der der Auszug aus Ägypten stattfand, geschah schon im biblischen Zeitalter und führte zu einer Bedeutungserweiterung der uralten Symbole. So stellte man sich vor, daß das allererste Pessachfest von den Israeliten in Ägypten gefeiert wurde, und zwar am Vorabend ihrer Befreiung. Damals, so heißt es, verzehrte jede Familie ein junges, über dem Feuer gebratenes Lamm, zusammen mit ungesäuertem Brot und Bitterkräutern.[4] Beim Schlachten des Lammes hatte man etwas von seinem Blut an die Türpfosten gestrichen, um die Häuser der Israeliten erkenntlich zu machen – so daß Gott, beim Töten der Erstgeborenen Ägyptens, diese Häuser „übergehen", „überspringen" oder „überschreiten" konnte. Das hebräische Wort ist wieder *passach!* Daher auch der deutsche Name des Pessachfestes: „Überschreitungsfest".[5] Dies bezog sich allerdings nur auf das vermeintlich erste Pessachfest in Ägypten und wurde nicht zur alljährlichen Observanz. Auch eine andere Vorschrift in Exodus 12 wurde als nur auf das „ägyptische Pessachfest" anwendbar verstanden, obwohl sie bis zum heutigen Tag von einigen orientalischen Juden noch in symbolischer Form dramatisiert wird: „So sollt ihr es essen: eure Hüften gegürtet, Schuhe an den Füßen, den Stab in der Hand. Eßt es hastig!"[6]

Wie immer auch das „ursprüngliche" Pessachfest in Ägypten gefeiert worden sein mag: Es war jedenfalls der Zweck aller darauf folgenden Feiern des Pessachfestes, die Erinnerung an die große Befreiungstat Gottes lebendig zu erhalten, Gott für diese Befreiungstat zu danken und besonders das Interesse der jungen Generation an der Heilsgeschichte zu wecken. Spätere, mit der Pessachfeier verbundene Observanzen waren geradezu mit der Absicht eingeführt worden, die Kinder zum Fragen zu veranlassen, so daß in der väterlichen Antwort die Geschichte vom Auszug aus Ägypten ausführlich erzählt werden konnte. Aber schon die Bibel selbst legt Wert darauf, wie z.B. in Deuteronomium 6,20ff., Exodus 12,26f., Exodus 13,8 und Exodus 13,14, daß die durch die Pessachobservanzen angeregten Fragen der Kinder von ihren Vätern mit Verweis auf die heilsgeschichtliche Tat Gottes, als Er Israel aus Ägypten befreite, beantwortet werden.

Die Fragen kamen leicht, denn das Pessachopfer war kein gewöhnliches Abendessen. Zunächst einmal war ja schon das Pessachlamm ein „Opfer", das besonderen Vorschriften unterlag. Dazu kam noch die biblische Vorschrift, daß das Pessachlamm zusammen mit ungesäuertem Brot und Bitterkräutern verzehrt werde. Für das Bitterkraut gibt die Bibel keine Begründung an. Es fiel aber späteren Generationen gar nicht schwer, sich einen Grund dafür auszudenken. Bitter war doch die Sklaverei in Ägypten, und der Genuß von Bitterkraut soll uns daran erinnern! (Noch heute – in den Familien, die Meerrettich als „Bitterkraut" am Pessachfest verwenden – dauert es nicht lange, bis die Tränen fließen – und man sich der Tränen der versklavten Ahnen erinnert.)

Für das ungesäuerte Brot aber bringt die Bibel gleich *zwei* Begründungen. Deuteronomium 16,3 nennt das ungesäuerte Brot „Speise der Bedrängnis" – womit wohl angedeutet werden soll, daß sich die hebräischen Sklaven in Ägypten kein richtiges Brot leisten konnten und sich mit dem ungesäuerten Brot begnügen mußten. Dagegen heißt es in Exodus 12,39, daß die Israeliten Ägypten so schnell verlassen mußten, daß sie keine Zeit hatten, für ihren Weg in die Freiheit richtiges Brot zu backen. Aus dem nicht durchsäuerten Teig, den sie aus Ägypten in die Wüste mitnahmen, entstanden dann die *mazzoth.* Hier also gilt das ungesäuerte Brot als „Brot der Befreiung", und nicht als „Speise der Bedrängnis". Die Bibel bietet uns daher zwei verschiedene Versuche, das ungesäuerte Brot des landwirtschaftlichen Frühlingsfestes mit dem Thema der Befreiung aus ägyptischer Sklaverei in Verbindung zu bringen.

Die spätere Tradition hat dann auch *beide* Erklärungen aufgenommen. So wird bis zum heutigen Tag beim Anfang der jüdischen Pessachfeier das ungesäuerte Brot mit den erklärenden Worten gezeigt: „Seht, welch armseliges Brot unsere Väter im Lande Ägypten gegessen haben!" Das aber geschieht in dem Teil der Feier, der hauptsächlich der Erinnerung an die Sklaverei gewidmet ist. Im Verlauf der Zeremonie, d. h., in dem Teil, der die Befreiung zum Thema hat, wird dann auch Exodus 12, 39 verlesen, wo das ungesäuerte Brot als „Brot der Befreiung" gedeutet wird. Symbolische Speisen können eben zu verschiedenen Erklärungen Anlaß geben – eine Entdeckung, die schon von den alten Rabbinen gemacht wurde, als sie – wortspielhaft – den hebräischen Terminus für „Speise der Bedrängnis", *lechem 'oni,* als „Brot, bei welchem viele Erklärungen gegeben werden", deuteten.[7] So liegt es auch auf der Entwicklungslinie der symbolischen Speisen des Pessachfestes und ihrer fast unbeschränkten Erklärungsmöglichkeiten, wenn die Evangelien davon berichten, daß Jesus, als er, wahrscheinlich bei einem Pessachmahl, seinen Jüngern das Brot reichte, diesem Brot eine *messianische* Erklärung gab.[8]

Wir haben bis jetzt nur die Bestandteile der Pessachfeier besprochen, die in der Bibel selbst Erwähnung finden: Lamm, ungesäuertes Brot, Bitterkräuter und Erzählung vom Auszug aus Ägypten. Gewiß gehörte auch das Singen von Psalmen und Dankesliedern dazu. Und da es sich um ein freudiges Fest handelt, wird auch der Wein nicht gefehlt haben.[9]

Tatsächlich verlangt die Mischnah, daß man nicht weniger als vier Becher Wein bei der Pessachfeier trinkt. Ja, selbst der Ärmste unter den Juden ist verpflichtet, diese vier Becher zu trinken – auch wenn die Ausgaben dafür von den Wohlfahrtsbehörden getragen werden müssen.[10] Die jüdische Homiletik führt diese vier Becher auf die vier Ausdrücke der Freiheit zurück, die in Exodus 6, 6–7 gebraucht werden: „Ich führe euch aus dem Frondienst heraus", „Ich rette euch aus der Sklaverei", „Ich erlöse euch", und „Ich nehme euch als Mein Volk an".[11] Eigentlich hätte es auch noch einen fünften Becher geben müssen, denn in Exodus 6, 8 heißt es: „Ich führe euch in das Land" – was von einigen Rabbinen als fünfter Ausdruck der Freiheit verstanden wurde – und somit nach einem fünften Becher heischte.[12]

Aber das blieb Einzelmeinung, und die Frage galt als unentschieden. Das heißt im talmudischen Aramäisch: *teku* (wörtlich: die Frage bleibt bestehen). Im Volksmund aber wurde *teku* als Abkürzung verstanden, und zwar von: „Der Mann aus Tischbe (d.h. der Prophet Elija) wird die Fragen und Probleme lösen." Das bedeutet, daß im messianischen Zeitalter, als dessen Verkünder der Prophet Elija gilt,[13] auch dieses Problem gelöst werden wird. Das hatte nun zur Folge, daß man bei der Pessachfeier einen Becher auf den Tisch stellt, von dem nicht getrunken wird, und den man den „Becher des Propheten Elija" nennt. Er dient auch als zusätzliches Symbol der *zukünftigen* Erlösung. Denn das Pessachfest will ja, in seiner nachbiblischen Entwicklung, nicht nur Erinnerung an eine vergangene Befreiung sein, sondern auch Ausdruck der Hoffnung auf die zukünftige und endgültige, d.h. die messianische Befreiung. „In dieser Nacht wurden sie befreit, und in dieser Nacht werden sie befreit werden."[14]

Immerhin hängt diese Zuversicht nicht ausschließlich von der Homiletik über die vier oder fünf Becher ab, denn sie ist schon durch die Erinnerung an den Auszug aus Ägypten begründet. Aber auch die vier Becher sind ohne die Homilien erklärlich, denn sie signalisieren die vier verschiedenen liturgischen Rubriken, aus denen die Pessachfeier besteht: Heiligungsgebet *(Kiddusch)*, Erlösungsbenediktion, Tischgebet und Hallelujagesang. Eine jede Rubrik gipfelt in einem Segensspruch *(berakhah)* über den Wein und im Trinken des Weins. Damit haben wir dann auch schon die Gliederung der Pessachfeier angeschnitten. Für sie wird das hebräische Wort *seder* (= Ordnung) gebraucht, und Seder heißt demzufolge die ganze abendliche Pessachfeier, die in der Nacht vom 14. bis zum 15. Nissan (und bei orthodoxen und vielen konservativen Juden in der Diaspora auch in der Nacht vom 15. zum 16. Nissan) dem ganzen Pessachfest seinen eigentlichen Charakter aufprägt. Dieser Seder nimmt natürlich uralte Elemente in sich auf. Aber die Form, in der er – mit einigen Abweichungen und etlichen Zusätzen – bis zum heutigen Tage gefeiert wird, hat er im ersten christlichen Jahrhundert unter der Ägide von Rabban Gamaliel II erhalten. Palästina war damals ein Teil der hellenistisch-römischen Welt; und die Form des Seders, in der Vorspeisen und Hauptmahlzeit, Trinken und Gesang, erhabene Gebete und historische Erinnerungen, spitzfindige Auslegungen und spielerische Kinderreime in einer bestimmten Ordnung aufeinanderfolgen, mag manches dem Vorbild der griechischen Symposien verdanken.[15]

Kernstück der Feier ist die kurze Zusammenfassung der israelitischen Heilsgeschichte in Deuteronomium 26,5–8, die mit den dazugehörigen rabbinischen Erklärungen und Erläuterungen vorgetragen wird. Sozusagen „herausgefordert" wird diese Erzählung durch die Fragestellung des jüngsten Kindes am Tisch, das wissen möchte: „Warum unterscheidet sich diese Nacht von allen anderen Nächten?", und das auf vier Verschiedenheiten in der Speise und in der Prozedur des Abendessens hinweist. Das Singen von den „*Hallel*-Psalmen" (Psalmen 113–118) und von Psalm 136 macht den größten Teil der eigentlichen Liturgie aus.[16] Mit dem Dankgebet für die Frucht des Weinstocks, nach dem Trinken des vierten Bechers, hatte viele Jahrhunderte hindurch der Seder ausgeklungen – und tut es heute noch bei den Juden morgenländischer und spanisch-portugiesischer Herkunft. Bei den Juden aber, die dem deutschen und dem polnischen Ritus folgen, gesellten sich in den letzten paar Jahrhunderten nach Abschluß der „offiziellen" Liturgie noch verschiedene Lieder teils hymnischer Art und teils von einem Typ, der – trotz einiger gelehrter Versuche zur tiefsinnigen Interpretation – nichts anderes darstellt als ein Kinderlied. Da wird z.B. gesungen: „Wer weiß eins? Ich weiß eins. Einzig ist unser Gott im Himmel und auf Erden." Das geht dann über die zwei Bundestafeln, die drei Erzväter, die vier Erzmütter, die fünf Bücher Mosis usw. bis zu den dreizehn Attributen der Gottheit. Ein anderes Lied erzählt von dem Zicklein, das der Vater kaufte, und das dann von einer Katze gefressen wurde. In der Art von „Der Herr, der schickt den Jockel aus" geht das Lied dann weiter, bis es schließlich in der letzten Strophe heißt: „Da kam der Heilige, gelobt sei Er, und schlachtete den Todesengel, der geschlachtet den Schlächter, der geschlachtet den Ochsen, der getrunken das Wasser, das gelöscht das Feuer, das verbrannt den Stecken, der den Hund geschlagen, der gebissen die Katze, die gefressen das Zicklein, das der Vater kaufte für zwei Sus, ein Zicklein, ein Zicklein." Wie gesagt, es fehlt nicht an Versuchen, dieses Lied tiefsinnig zu erklären. Es scheint aber dennoch ein ganz einfaches Kinderlied zu sein, das seinen Platz am Ende des Seders eben nur der Tatsache verdankt, daß man ohne die Anwesenheit der Kinder keinen richtigen Seder hat, und daß man deshalb durch Kinderlieder und auch andere Spielereien während der Feier alles daransetzt, die Kinder und ihr Interesse bis spät in die Nacht hinein wachzuhalten. Denn, wie bereits erwähnt, legt schon die Bibel Wert darauf, daß die Geschichte vom Auszug aus Ägypten gerade den *Kindern* nachdrücklich erzählt wird. Genannt wird das Büchlein, das die Texte der abendlichen Pessachfeier enthält, *Haggadah,* d. h. „Erzählung" und auch „Verkündung".

Der Seder ist aber nur der Anfang des Pessachfestes. Nach biblischer Vorschrift soll das Fest sieben Tage dauern, wovon der erste und der siebte Tag als „heilige Versammlung", d. h. als Feiertage gelten, an denen keine Arbeit geleistet werden darf. Die Tage dazwischen werden als „Halbfeiertage" betrachtet, die liturgisch ausgezeichnet sind, aber dennoch kein strenges Arbeitsverbot beanspruchen. Orthodoxe und viele konservative Juden feiern auch noch den zweiten und einen achten Tag als „heilige Versammlung".

Da sieben Tage nach dem Auszug aus Ägypten der Durchzug durch das Schilfmeer stattgefunden haben soll, wird der siebte Tag als Erinnerung daran gefeiert, und an ihm kommt die entsprechende Perikope des Pentateuch, Exodus 13, 17 – 15, 26, zur Verlesung. Für den Sabbat innerhalb der Pessachwoche ist die Vorlesung aus dem Prophetenkanon: Ezechiel 37, 1–14, also die Vision von der

Auferstehung der Toten. Somit kommt auch noch einmal der Gedanke an die Wiedergeburt und an das neue Leben, der schon in den Urformen des Frühlingsfestes steckt, zu seinem Ausdruck. Frühlingshaft stimmt auch das Hohelied, das zur Schriftvorlesung am Pessachfest gehört.

Auch die Psalmen 113 bis 118, die sogenannten „*Hallel*-Psalmen", gehören zur täglichen Pessachliturgie – mit dem eigentümlichen Brauch, daß man nach dem ersten Tag (und bei orthodoxen und vielen konservativen Diasporajuden nach dem zweiten Tag) einige Verse von den Psalmen 115 und 116 ausläßt. Den Grund dafür sucht der Talmud in den Einzelheiten des Opferdienstes im Jerusalemer Tempel.[17] Spätere Rabbinen hat dies selbstverständlich nicht abgehalten, ihre eigenen Gründe zu finden. Zu diesen Späteren gehört auch der im 15. Jahrhundert lebende Rabbi Eisik Tyrnau, der in seiner Sammlung religiöser Bräuche folgenden Grund angibt: Man sagt die Psalmen 113 bis 118 nicht ohne Auslassungen an den Halbfeiertagen des Pessachfestes, weil man sie am siebten Tag, einem Hauptfeiertag, nicht ohne Auslassungen sagt, und weil man die Halbfeiertage liturgisch nicht höher stellen will als einen Hauptfeiertag. Der Grund aber, warum man am siebten Tag des Pessachfestes einige Verse von den Psalmen 115 und 116 ausläßt, ist, daß an diesem Tage so viele Ägypter ertranken. Zwar handelt es sich um den Tod von Feinden, aber die Ägypter sind dennoch als Geschöpfe Gottes zu betrachten. Die Freude an unserer eigenen Errettung darf daher nicht total sein.[18]

Eine ganz ähnliche Erklärung ist bei den heutigen Juden auch im Zusammenhang mit einem etwas erstaunlichen Brauch beim Seder beliebt. Die rabbinische Erklärung von Deuteronomium 26,5–8 führt auch zur Aufzählung der „zehn Plagen", mit denen Gott die Ägypter heimsuchte. Nun erwähnt der im 15. Jahrhundert in Mainz amtierende Rabbi Jakob ben Moses Halevi Moellin, Maharil genannt, den Brauch, beim Aussprechen einer jeden Plage immer etwas Wein mit dem Finger aus dem Becher zu spritzen.[19] Er führt diesen Brauch auf Rabbi Eleasar ben Judah aus Worms zurück, der im 13. und 14. Jahrhundert lebte. Maharil sieht den Grund für diesen Brauch in dem Wunsch, daß derartige Plagen nicht auf uns kommen mögen. Das heißt also, daß man mit dieser Geste die furchtbaren Plagen von sich selbst abwendet, was ja anthropologisch und psychologisch einleuchtet. Dagegen ziehen moderne Juden folgende Erklärung vor: Der Weinbecher ist ein Symbol der Freude. Da jedoch die Ägypter, die unter den Plagen zu leiden hatten, trotz ihrer Feindschaft zu uns, Mitmenschen waren, kann unsere Freude nicht vollständig sein.[20]

Auf gleicher Ebene liegt dann auch die von modernen Juden gern zitierte Legende des Talmuds,[21] daß Gott die Engel ihren Gesang nicht anstimmen lassen wollte, indem Er sprach: „Meine Geschöpfe ertrinken im Meer; und ihr wollt Mir ein Lied singen!" Wenn das beim Seder erzählt wird, liegt der Gedanke nahe, daß die Engel zusammen mit den Israeliten das Schilfmeerlied von Exodus, Kapitel 15 anstimmen wollten.[22] Das beruht allerdings auf einem nachweisbaren Mißverständnis der Quellen,[23] aber das Wort des Maimonides: „Die Pforten der Interpretation werden nie geschlossen"[24] findet in einem ganz besonderen Maße seine Anwendung bei der Symbolik und bei den Texten des Pessachfestes.

Schließlich sei noch auf ein anderes charakteristisches Element dieses Festes hingewiesen. Von der *mazzah,* dem ungesäuerten Brot, war bereits im Zusammenhang mit dem Seder die Rede. Sie wird während der ganzen Pessachwoche gegessen, wo auch kein gewöhnliches Brot auf den Tisch selbst der Juden kommt, die sich sonst nicht durch einen hohen Grad ritueller Observanz auszeichnen. Aber das biblische Gesetz geht noch weiter, und die Logik der rabbinischen Ausführungen ist radikal. In Deuteronomium 16,4 heißt es: „In deinem ganzen Gebiet soll sieben Tage lang kein Sauerteig zu finden sein." „Sauerteig" und das auch von der Bibel verbotene „Gesäuerte" wird nun auf jegliches

Getreideprodukt bezogen, das als Gärstoff wirkt, wie auch auf die Speisen und Getränke, die mit derartigen Gärmitteln hergestellt werden. Es ist also klar, daß etwa Hefe und Bier dem Verbot unterliegen. Das biblische Gesetz spricht aber nicht nur von dem *Genuß* dieser Speisen und Getränke; es sagt auch, daß sieben Tage lang kein „Sauerteig" *gefunden* werden darf. Das hat im rabbinischen Judentum dazu geführt, daß man schon am Vorabend des 14. Nissan sorgfältig das Haus von Brotkrümeln reinigt, daß man am Morgen des 14. Nissan das gefundene „Gesäuerte" verbrennt, nachdem man alles andere „Gesäuerte" aus dem Haus geschafft hat, und daß man in einer juristischen Formel feierlich verkündet, daß das unabsichtlich noch im Haus bleibende „Gesäuerte" als nichtig betrachtet wird, als „Staub der Erde", von dem man keinen Nutzen haben will. Ja, diejenigen Juden, die es mit den Speisegesetzen ganz genau nehmen, müssen auch noch für das Pessachfest eine eigene Garnitur von Töpfen, Geschirr und Besteck besitzen, die nur am Pessachfest benutzt werden – und daher nie mit „Gesäuertem" und „Sauerteig" in Berührung kommen können.

Ursprung dieser weitverzweigten Bestimmungen ist wahrscheinlich die Tatsache, daß man bei dem kanaanitischen Fest der Frühlingsernte nur ungesäuertes Brot aß, d.h. Brot, bei dessen Zubereitung im Teig kein Stück altes Brot beigemischt war. Aber gerade in denjenigen jüdischen Kreisen, in denen man sich streng an die rabbinischen Vorschriften hält, wird man besonders von diesem vermutlichen Ursprung keine Notiz nehmen. Hier genügt es, Gott gegenüber gehorsam zu sein und freudig Seine Gebote und Verbote zu beobachten. Was dann auch immer der himmlische Lohn für eine solche Frömmigkeit sein mag, es gibt dafür jedenfalls schon einen irdischen Lohn.

Für das Pessachfest müssen große Vorbereitungen getroffen werden, die aber auch eine gewisse Vorfreude mit sich bringen. Und wenn alles geputzt ist und strahlt, wenn das „Pessachgeschirr" auf dem Tisch steht und wenn die ganze

Familie und die geladenen Gäste am „Sedertisch" ihre Plätze einnehmen, dann weiß man, daß der Frühling in das jüdische Haus eingezogen ist – mit seinen Erinnerungen und Verheißungen, seinen Freuden und Hoffnungen auf Erneuerung.

Es war den jüdischen Mystikern vorbehalten, in dem Verbot des „Gesäuerten" eine Anspielung auf die düsteren Neigungen der menschlichen Seele zu sehen, wie das auch schon der talmudische Rabbi Alexandri tat, als er den „bösen Trieb" im Menschen den „Sauerteig im Teig" nannte,[25] und auch der Apostel Paulus, als er den Korinthern schrieb:

> Laßt uns also das Fest nicht mit dem alten Sauerteig feiern, nicht mit dem Sauerteig der Bosheit und Schlechtigkeit, sondern mit den ungesäuerten Broten der Aufrichtigkeit und Wahrheit.[26]

# III

# Das Wochenfest

*(Schawu'oth)*

Genau sieben Wochen nach dem ersten Tag des Pessachfestes wird das Wochenfest gefeiert – genau jedenfalls im Sinne des rabbinischen Judentums und seiner heutigen Nachfolger. Denn der Termin des Wochenfestes scheint ein uralter Streitpunkt gewesen zu sein. Es stritten sich um ihn Pharisäer und Sadduzäer wie auch andere Sektierer im neutestamentlichen Zeitalter, und Rabbaniten und Karäer (eine Sekte, die den Talmud verwarf) im Mittelalter. Schuld an diesen Streitigkeiten ist das Schriftwort selbst.

Nachdem im 23. Kapitel des Buches Levitikus die Feier des Pessachfestes angeordnet wurde, heißt es dort, daß die erste Garbe der Frühlingsernte von dem Priester vor dem Herrn hin- und hergeschwungen und dargebracht werden soll. Und zwar, so sagt die Schrift, soll das „am Tag nach dem *schabbath*" geschehen.[1] Gewöhnlich bedeutet das Wort *schabbath* den Sabbat, d. h. Samstag. Aber nicht immer. In demselben 23. Kapitel des Buches Levitikus wird auch der Versöhnungstag erwähnt, und die Schrift nennt auch ihn einen *schabbath,*[2] was in diesem Zusammenhang unmöglich Samstag, sondern nur „Ruhetag" bedeuten kann. Was also bedeutet das Wort *schabbath,* wenn es heißt, daß der Priester die erste Garbe der Frühlingsernte „am Tag nach dem *schabbath*" darbringen soll? Das rabbinische Judentum besteht darauf, das Wort hier als „Ruhetag" zu verstehen, wobei „Ruhetag" sich auf den ersten Tag des Pessachfestes beziehen soll. Die Darbringung der ersten Garbe ist also auf keinen bestimmten Wochentag festgelegt. Sie findet daher immer am zweiten Tag des Pessachfestes statt, auf welchen Tag der Woche er auch fallen mag.

Die Sektierer dagegen haben immer darauf bestanden, das Wort *schabbath* als Sabbat, d. h. Samstag, aufzufassen. Nach dieser Berechnung soll die erste Garbe immer an einem Sonntag dargebracht werden, also am ersten Sonntag der Pessachwoche, der wievielte Tag des Festes er auch sein mag.

Da es nun in Levitikus 23 weiter heißt, daß vom Tage der Darbringung der ersten Garbe an sieben volle Wochen gezählt werden sollen, so daß am fünfzigsten Tag eine „heilige Versammlung" gefeiert werden kann,[3] hängt natürlich der Wochentag, an dem man das Wochenfest feiert, davon ab, wann man zu zählen begonnen hat. Für das rabbinische Judentum fällt daher das Wochenfest immer auf den Wochentag, an dem man sieben Wochen vorher die erste Garbe dargebracht hat, welcher Wochentag das auch sein mag. Für Sadduzäer und Karäer dagegen muß das Wochenfest immer auf einen Sonntag fallen. Die christliche Kirche, die ihr Pfingstfest immer an einem Sonntag feiert, hat sich daher einen Kalender zu eigen gemacht, der von dem des rabbinischen Judentums abweicht und der aber trotzdem nicht ohne seine altehrwürdigen Wurzeln innerhalb der pluralistischen Traditionen des Judentums dasteht.

Das biblische Wochenfest ist also ein Erntedankfest, und zwar ein Dankfest für die Gerstenernte. Dieser Tatsache verdankt das Buch Rut seine synagogale Vorlesung am Wochenfest, denn es heißt dort, daß Rut und ihre Schwiegermutter Noomi „zu Beginn der Gerstenernte" in Bethlehem ankamen.[4] Das Wochenfest war aber nicht auf die Freude an der Gerstenernte beschränkt, von der zwei Brote als „Erstlingsgaben für den Herrn" dargebracht wurden.[5] Es war das Fest der Erstlingsfrüchte schlechthin,[6] an dem das im 26. Kapitel des Buches Deuteronomium beschriebene Ritual seine Anwendung fand. Wir haben die kurzgefaßte Heilsgeschichte von Deuteronomium 26,5–8 schon als Kernstück des Seders am Pessachfest kennengelernt. Aber dort ist sie aus ihrem eigentlichen Zusammenhang herausgerissen. Ursprünglich war diese Erinnerung an die versklavten Ahnen und die Befreiungstat Gottes ein Teil des Dankgebetes, das der israelitische Bauer sprach, als er dem Priester den Korb mit seinen Erstlingsfrüchten überreichte.

Klar ersichtlich aus dem biblischen Gebot des Wochenfestes ist, daß es sich hier um ein fröhliches Bauernfest handelt. „Du sollst vor dem Herrn, deinem Gott, fröhlich sein, du, dein Sohn und deine Tochter, dein Knecht und deine Magd, auch die Leviten, die in deinen Stadtbereichen Wohnrecht haben, und die Fremden, Waisen und Witwen, die in deiner Mitte leben."[7]

Glücklicherweise ist uns eine Beschreibung dieser Festlichkeit, wie sie zur Zeit des zweiten Tempels begangen wurde, in der Mischnah erhalten geblieben:

> Wie brachte man die Erstlingsfrüchte nach Jerusalem?
> Die Bewohner aller kleinen Städte eines Bezirks versammelten sich in der Kreisstadt. Dort übernachteten sie unter freiem Himmel, ohne in die Häuser einzutreten. Früh am Morgen rief der Bezirksvorsteher: „Auf, laßt uns nach Zion hinaufziehen, zu dem Herrn, unserem Gott!" Die in der Nähe Wohnenden brachten Feigen und Trauben. Die fern Wohnenden brachten getrocknete Feigen und Rosinen. Der zum Opfer bestimmte Ochse ging ihnen voran, seine Hörner mit Gold überzogen und einen Olivenkranz auf seinem Kopf. Die Flöte wurde vor ihnen gespielt, bis sie in die Nähe von Jerusalem kamen. Dort angekommen, sandten sie Boten aus und schmückten ihre Erstlingsfrüchte. Dann kamen die diensttuenden Priester, Leviten und Schatzmeister ihnen entgegen; der Ehre der Gruppe entsprechend kamen sie. Alle Handwerker Jerusalems standen vor ihnen auf und grüßten sie: „Unsere Brüder, ihr Leute aus dem und dem Ort, kommt in Frieden!"
> Die Flöte wurde dann weiter vor ihnen gespielt, bis sie zum Tempelberg kamen. Dort angekommen,

nahm selbst der König Agrippa (wahrscheinlich Agrippa I, König von Judäa, 41–44 n.) seinen eigenen Korb auf die Schulter und trat bis zur Tempelvorhalle ein.

Sobald die Pilger zum Tempelvorhof gelangten, stimmten die Leviten den Gesang von Psalm 30 an ...[8]

Drei große Bauernfeste gab es im biblischen Israel: das Pessachfest, von dem im letzten Kapitel die Rede war, das Wochenfest, mit dem wir uns hier befassen, und das Laubhüttenfest, welches das Thema des nächsten Kapitels ist. Zwei von diesen Festen, das Pessachfest und das Laubhüttenfest, werden schon in der Bibel selbst „historisiert", d. h., es wird dem landwirtschaftlichen Fest noch eine geschichtliche Erinnerung zugeordnet. So wird das Frühlingsfest Pessach zum Fest des Andenkens an den Auszug aus Ägypten, und das herbstliche Winzerfest der Laubhütten sollte an die Wüstenwanderungen der Israeliten erinnern. Aber keine derartige Umdeutung wurde in der Bibel dem Wochenfest zuteil. Man hätte also annehmen können, daß mit der Tempel- und Staatszerstörung im Jahre 70 n., oder zumindest im Laufe der Zeit, als die Juden aufhörten, hauptsächlich Bauern zu sein, und sie sich anderen Gewerben zuwandten, das Wochenfest, nun seiner landwirtschaftlichen Basis beraubt, in Vergessenheit geriet. Das tat es aber nicht. Es ist ohne Unterbrechung von Juden bis hin zum heutigen Tag gefeiert worden – wenn auch nicht gerade als Bauernfest, so doch als Fest der *Offenbarung*.

Schwierig ist es, genau herauszufinden, wann diese Wandlung stattgefunden hat. Die Mischnah im frühen dritten Jahrhundert scheint noch keine Notiz davon genommen zu haben, denn sie gibt als Pentateuchperikope für das Wochenfest den Festkalender des 16. Kapitels in Deuteronomium an, in dem das Wochenfest nur als Bauernfest fungiert.[9] Jedoch berichtet der palästinensische Talmud, daß es zur Zeit der Mischnah schon einen Lehrer gegeben hat, der als Wochenfest-Perikope aus dem Pentateuch, statt Deuteronomium 16, das 19. Kapitel des Buches Exodus, in welchem die sinaitische Offenbarung erzählt wird, vorgeschlagen hatte.[10] Und nach diesem anonymen Lehrer richtet sich seitdem die Gesamtjudenheit, die dieser Perikope auch noch den Dekalog aus Exodus 20 hinzufügt.

Das bedeutet also, daß man das Wochenfest als Fest der sinaitischen Offenbarung feiert; und so wird auch in der Liturgie das Wochenfest „die Zeit der Gabe unserer Torah" genannt. Da muß wohl etwas mehr dahinterstecken als der abweichende Perikopenvorschlag eines anonymen Lehrers der Mischnahzeit. Anders ausgedrückt, es müssen sich vorher auch schon andere Lehrer Gedanken darüber gemacht haben, daß man am Wochenfest der Offenbarung der Torah gedenken sollte. Zwar gibt der Text in Exodus, Kapitel 19 kein genaues Datum für die Offenbarung an, denn es heißt dort nur, daß sie „im dritten Monat nach dem Auszug der Israeliten aus Ägypten" geschah,[11] aber wenn der erste Monat Nissan war, dann war der dritte Monat Siwan; und der einzige Feiertag, der im Monat Siwan gefeiert wird, ist eben das Wochenfest. Ein zwingender Beweis ist das natürlich nicht, und es mag sein, daß man auf anderen Wegen zu der Verbindung des Wochenfestes mit der sinaitischen Offenbarung gelangte. Aber wann?

Das zweite Kapitel der Apostelgeschichte scheint diese Verbindung schon vorauszusetzen. Dort heißt es nämlich:

> Als der Pfingsttag (= das Wochenfest) gekommen war, befanden sich alle am gleichen Ort. Da kam plötzlich vom Himmel her ein Brausen, wie wenn ein heftiger Sturm daherfährt, und erfüllte das ganze Haus, in dem sie waren. Und es erschienen ihnen Zungen wie von Feuer, die sich verteilten; auf jeden von ihnen ließ sich eine nieder. Alle wurden mit dem Heiligen Geist erfüllt und begannen, in fremden Sprachen zu reden, wie es der Geist ihnen eingab.[12]

Man vergleiche diese Beschreibung mit der Erzählung von der sinaitischen Offenbarung im 19. Kapitel des Buches Exodus. Dort liest man:

> Am dritten Tag, im Morgengrauen, begann es zu donnern und zu blitzen. Schwere Wolken lagen über dem Berg, und gewaltiger Hörnerschall erklang ... Der ganze Berg Sinai war in Rauch gehüllt, denn der Herr war im Feuer auf ihn herabgestiegen ... Der ganze Berg bebte gewaltig.[13]

Im Buch Exodus geht es um eine Offenbarung Gottes. In der Apostelgeschichte geht es um die Offenbarung des Heiligen Geistes. Aber der Heilige Geist ist in der rabbinischen Literatur gleichbedeutend mit dem „Geist der Prophetie". Wenn nun auch, wie Peter Schäfer richtig bemerkt, nirgends in der rabbinischen Literatur davon die Rede ist, daß sich der Heilige Geist am Berge Sinai offenbarte,[14] so sind doch immerhin das 19. Kapitel des Buches Exodus und das 2. Kapitel der Apostelgeschichte beides Berichte über Offenbarungen, und beide lassen die Offenbarung von Sturm und Brausen begleitet sein. Der Zusammenhang von den „Zungen wie von Feuer" und von der Fähigkeit, „in fremden Sprachen zu reden", in dem Bericht der Apostelgeschichte, wird besonders demjenigen klar, der weiß, daß das hebräische Wort *laschon* sowohl „Zunge" als auch „Sprache" bedeuten kann, und dem auch die Lehre des Rabbi Jochanan nicht unbekannt ist, der sprach: „Als Gottes Stimme am Sinai hervorkam, teilte sie sich in die siebzig Sprachen der Menschheit, so daß alle Völker sie verstehen konnten."[15] Für den Verfasser der Apostelgeschichte ist also das Wochenfest ein Offenbarungsfest, wie es auch für das rabbinische Judentum ist. Ja man könnte sogar behaupten, daß wir in der Apostelgeschichte den frühesten literarischen Niederschlag dieser Identifizierung haben, denn die schriftlichen rabbinischen Quellen sind alle späteren Datums, wenn sie auch älteres Material tradieren.

Und dennoch haben weder der Verfasser der Apostelgeschichte noch die Rabbinen den Gedanken an eine Verbindung von Wochenfest und Offenbarung aus der Luft gegriffen. Das „Buch der Jubiläen" stammt aus dem zweiten vorchristlichen Jahrhundert. In diesem Buch liest man, daß das Wochenfest als jährliche Erinnerung an Gottes Bund mit Noah zu feiern sei.[16] Es geht hier also nicht um den sinaitischen Bund, den Gott mit Israel geschlossen hat, sondern um einen noch älteren Bund, nämlich den mit der ganzen Menschheit. Immerhin beweist das „Buch der Jubiläen", daß man schon im zweiten vorchristlichen Jahrhundert das Wochenfest als Bundesfest kannte; und ein Bund, den Gott schließt, ist ja stets eine Offenbarung Gottes. Auch die Sekte in Qumran kannte eine alljährliche Feier des Bundesschließens, bei der sich die Mitglieder verpflichteten, die Gebote Gottes auf sich zu nehmen.[17] Allerdings wird das Wochenfest in diesem Zusammenhang nicht genannt, aber sowohl W. H. Brownlee als auch Millar Burrows vermuten, daß es sich in Qumran um eine ähnliche Zeremonie, wie die im „Buch der Jubiläen" genannte, handelte.[18] Auf jeden Fall zeigt die Verbindung des Wochenfestes mit dem Noah-Bund, wie sie das „Buch der Jubiläen" im zweiten vorchristlichen Jahrhundert kennt, daß beide, das Torah-Offenbarungsfest der Rabbinen und das Heilig-Geist-Offenbarungsfest der Apostelgeschichte, auf viel ältere Traditionen zurückgreifen. Die einzelnen Entwicklungsstadien sind freilich nicht immer ganz klar und bleiben ein Desideratum der wissenschaftlichen Forschung.

Festzuhalten bleibt die Tatsache, daß sich im Judentum das Wochenfest hauptsächlich als Offenbarungsfest erhalten hat. Man mag hier und da vielleicht noch Spuren des alten Bauernfestes finden. So werden z. B. am Wochenfest die Synagogen mit Zweigen, Girlanden und Blumen geschmückt. Es heißt, daß das zu Ehren der Torah sei. Aber wer weiß? Vielleicht steckt da doch noch ein Stück Bauernfest mit darin. Auch in den vielen Siedlungen im Staate Israel, die sich von jüdisch-religiöser Observanz und Glaubenslehre losgesagt haben, wird das Wochenfest ausschließlich als Fest der Erstlingsfrüchte, und ganz und gar nicht als Offenbarungsfest gefeiert. Und diese Erstlingsfrüchte werden keinem Priester in einem Tempel, keinem Rabbiner in einer Synagoge überreicht, sondern dem Jüdischen Nationalfond! Gebete gibt es natürlich dabei nicht.[19] So meint man in den nicht-religiösen Siedlungen, das alte Fest der Erstlingsfrüchte „wiederbelebt" zu haben. Ob sich das ohne die religiöse Dimension tatsächlich machen läßt, mag fraglich bleiben. Das soll nun nicht heißen, daß es dem religiösen Offenbarungsfest nicht wohltäte, etwas von der ursprünglichen Landluft wieder in sich aufzunehmen. Denn irdische Ernte und himmlische Offenbarung gehören in Wirklichkeit zusammen, um dem Wochenfest seinen vollen Ausdruck zu geben. Der jüdische Gelehrte Theodor H. Gaster wies auf die tiefsinnige Parallele hin: Am Wochenfest, laut Levitikus 23,17, bringt der Mensch dem Herrn zwei Brote als Erstlingsgaben dar; und Gott reicht dem Menschen die zwei Tafeln mit den Zehn Geboten.[20]

Es gibt, wie noch zu zeigen sein wird, Bräuche, die dem Wochenfest eigen sind. Aber es gibt kein zentrales Symbol, das den Charakter dieses Feiertages so klar ausdrückt wie etwa das ungesäuerte Brot und die anderen symbolischen Speisen am Pessachfest, wie die Laubhütte und der Feststrauß am Laubhüttenfest, der Leuchter am Chanukkahfest, das Widderhorn am Neujahrsfest usw. Wenn man die jüdischen Feiertage nach ihren konkreten Symbolen hin untersucht, dann findet man eigentlich nur zwei, die eines derartigen Symbols entbehren: den Versöhnungstag und das Wochenfest. Der Versöhnungstag bringt das reuige und bußfertige Wort des Menschen zu Gott. Das Wort, wenn man so sagen kann, spricht für sich selbst. Es kann und braucht nicht symbolisiert zu werden. Und das Wochenfest bringt das belehrende und gebietende Wort Gottes, die Torah, zum Menschen. Auch dieses Wort kann nicht symbolisiert werden. Die Torah ist kein Symbol. Sie ist – die Torah. Sie repräsentiert sich selbst.

Damit will nun nicht gesagt sein, daß die Torah keiner Erklärung bedürfe oder daß es immer ganz eindeutig sei, in welchem Sinn die Liturgie des Wochenfestes in einem beliebigen Gebet von der Torah spricht. Gewiß ist in der Pentateuch-Perikope am Wochenfest nur von der Offenbarung der Zehn Gebote die Rede. Die Zehn Gebote sind Torah. Aber auch der ganze Pentateuch ist Torah; ja die ganze Bibel. Und nicht nur die Bibel, sondern auch die sogenannte „mündliche Lehre“, die schließlich, wenn auch nur teilweise, in der rabbinischen Literatur ihren schriftlichen Niederschlag gefunden hat.[21]

Die ganze jüdische Lehre und das ganze jüdische Gesetz, wie sie sich durch die Jahrtausende hindurch entwickelt haben, all das ist Torah, und alles das wird im traditionellen Judentum auf die sinaitische Offenbarung zurückgeführt – und ganz besonders am „Geburtstag“ der Torah, am Wochenfest. Vom historischen Standpunkt aus mag das alles etwas anders aussehen. Aber hier handelt es sich ja nicht um historische Forschung, sondern um die Poesie des Glaubens und der religiösen Tat, bei der die Kategorien von Raum und Zeit keine übergroße Rolle spielen. Und auch der nüchterne Wissenschaftler mag gestehen, daß alle weiteren Entwicklungsstufen der jüdischen Religion im Grunde genommen nichts anderes als „Entfaltungen“ sind von dem, was einst am Berge Sinai geschah.

Auch das Wochenfest ist „heilige Versammlung“, d.h. ein Tag, an dem nicht gearbeitet wird, der mit dem Heiligungsgebet *(Kiddusch)* am Abend vorher anfängt, an dem die synagogale Liturgie erweitert wird und von dem die orthodoxen und viele konservative Juden in der Diaspora noch einen zweiten, nicht-biblischen Tag feiern.

Im 16. Jahrhundert führten die jüdischen Mystiker einen neuen Brauch ein, der gerade in jüngster Zeit wieder aufzuleben scheint, und nicht unbedingt nur in mystischen Kreisen. Er besteht darin, daß man am Vorabend des Wochenfestes die Nacht über aufbleibt, um – entweder im Gemeinderaum der Synagoge oder im eigenen Heim – in der

Gesellschaft von Freunden und bei Verabreichung von Kaffee und Kuchen, besonders Käsekuchen, heilige Texte zu studieren. Die Texte können nach Belieben gewählt werden; das vorgeschlagene Pensum umfaßt aber gewöhnlich den Anfang und das Ende eines jeden Wochenabschnittes des Pentateuchs, den Anfang und das Ende aller prophetischen Bücher der hebräischen Bibel, das ganze Buch Rut, ausgewählte Psalmen und andere Teile der Hagiographen, Anfang und Ende eines jeden Traktats der Mischnah und ausgewählte Stücke aus dem *Sohar,* dem Hauptwerk der mittelalterlichen jüdischen Mystik. Dazu können auch noch Lehrvorträge gehalten werden. Diejenigen, die mit der notwendigen Energie zum Aushalten gesegnet sind, verrichten dann bei der Morgenröte an Ort und Stelle das Morgengebet und frühstücken. Andere gehen schon vorher nach Hause. Der Sinn dieses Brauches ist natürlich, daß man sich am „Fest der Gabe der Torah" mit der Torah in all ihren Bestandteilen befaßt – ganz abgesehen von der mystischen Stimmung einer derartigen „Nachtwache" an einem Termin, an dem der Herr schon einmal Seinem Volke Israel Erleuchtung werden ließ.

Ein anderer Brauch wurde im 19. Jahrhundert in die Synagogen des Reformjudentums eingeführt: die Konfirmation. Das Vorbild dafür war wohl die Firmung in der christlichen Kirche; und dennoch wurde die Konfirmation aus eigenen jüdischen Bedürfnissen eingeführt. Nach traditionellem Verständnis wird ein jüdischer Knabe mit dreizehn Jahren volljährig, d. h., er ist religionsgesetzlich für seine Taten selbst verantwortlich und rechnet mit zu dem Quorum von zehn Erwachsenen, das für den öffentlichen Gottesdienst benötigt wird. Auf Hebräisch heißt das: *bar-mizwah;* wörtlich: „Sohn des Gebotes". (Mädchen werden schon mit zwölf Jahren als volljährig betrachtet und gelten dann als *bath-mizwah,* „Tochter des Gebotes".) In den mittelalterlichen Synagogen entstand nun der Brauch, daß man den Jungen am Sabbat nach dem dreizehnten Geburtstag aus der Torah und den Propheten vorlesen ließ, um der Gemeinde zu zeigen, daß es sich jetzt bei dem Jungen in der Tat um einen „Erwachsenen" handelt. (Für Mädchen gab es diese Zeremonie im Mittelalter noch nicht; sie ist aber in der Neuzeit in reformierten und konservativen Synagogen, besonders in Amerika, eingeführt worden.)

Nun mag im Morgenland ein dreizehnjähriger Knabe bereits seine volle Reife erreicht haben. Im Westen war das aber nicht der Fall; und die Reformer meinten, daß so ein Kind noch ein paar weitere Jahre Religionsunterricht nötig hat. Den Abschluß dieses weiteren Unterrichts, im sechzehnten oder siebzehnten Lebensjahr, bildete die Konfirmationsfeier in der Synagoge. Sie wurde in reformierten Synagogen entweder als Zusatz zu der, oder als Ersatz für die traditionelle Bar-Mizwah-Feier eingeführt – und hatte dazu noch den Vorteil, daß daran auch die Mädchen teilnehmen konnten. Heute gibt es die Konfirmation nicht nur in allen reformierten und vielen konservativen Synagogen; sie hat sich inzwischen – wenn auch oft unter einem anderen Namen – sogar in einigen modernen orthodoxen Synagogen eingebürgert.

Im Laufe der Zeit hat man sich in den reformierten Synagogen dazu verstanden, die Konfirmation als Teil des Gottesdienstes am Wochenfest abzuhalten. Der gedankliche Zusammenhang, der dazu führte, war ein zweifacher. Erstens sah man in der Konfirmation mutatis mutandis eine Wiederholung der Szene, die sich einst am Berge Sinai abspielte: Israels Annahme der Torah, die ja am Wochenfest stattgefunden haben soll. Zweitens war es ursprünglich ein Bestandteil der Konfirmation (übrigens ein etwas „unjüdischer", der inzwischen auch schon wieder in Vergessenheit geraten ist), daß die Konfirmanden ein öffentliches Glaubensbekenntnis ablegten; und das erinnerte natürlich an die Rut, deren Buch ja auch zur Schriftvorlesung am Wochenfest gehört: „Dein Volk ist mein Volk, und dein Gott ist mein Gott" (Rut 1,16).

Zum Schluß sei noch auf einen weiteren Brauch hingewiesen, der zwar das Wochenfest auszeichnet, dessen genaue Erklärung aber nicht so leicht aufzufinden ist. Gewöhnlich werden Sabbat und Feiertage auch dadurch gefeiert, daß bei der Hauptmahlzeit Fleisch auf den Tisch kommt. So etwas war in armen Verhältnissen gar nicht so selbstverständlich, und oft mußte man sich dazu das Geld vom Munde absparen. Man könnte fast sagen, daß die jüdische Familie, wenn Fleisch auf den Tisch kam, merkte, daß Sabbat oder Feiertag sein mußte. Es gibt dabei jedoch eine Ausnahme. Die Hauptmahlzeit am Wochenfest besteht aus mit Milch und Milchprodukten zubereiteten Speisen (die, nach dem rabbinischen Verständnis der biblischen Speisegesetze, nicht zusammen mit Fleisch serviert werden dürfen). Die „Erklärungen", die dafür gegeben werden, muten einen wie an den Haaren herbeigezogen an, wenn sie nicht geradezu witzelnd gemeint sind.

Ein Beispiel der ersten Klasse: Der 68. Psalm gilt schon seit etwa dem 6. Jahrhundert n. als *der* Psalm des Wochenfestes, wie ja überhaupt alles in der Bibel, was an Donner, Blitze und bebende Berge erinnert, von den alten Rabbinen auf die sinaitische Offenbarung bezogen wurde.[22] Nun heißt es im sechzehnten Vers dieses Psalms: „Ein Gottesberg ist der Baschanberg, ein Gebirge, an Gipfeln reich, ist der Baschan." Die drei deutschen Worte, „an Gipfeln reich", gehen auf ein hebräisches Wort zurück, das ein Hapaxlegomenon ist, d. h., es kommt nur an dieser Stelle der Bibel vor, und seine Bedeutung muß daher aus dem Zusammenhang abgeleitet werden. „An Gipfeln reich" mag in der Tat stimmen; aber mit hundertprozentiger Sicherheit kann es nicht behauptet werden. Nun heißt das betreffende hebräische Wort: *gabhnunim,* und es hat so einige gemeinsame Konsonanten mit dem hebräischen Wort für „Käse": *gebhinah.* Folglich soll der Genuß von Käsegerichten am Wochenfest bereits in dem besonderen Psalm für das Wochenfest angedeutet sein! Mit welchem Ernst die Alten einst diese „Erklärung" vorgetragen haben, läßt sich heute nicht mehr feststellen.

Bewußt unernst ist folgende „Erklärung": Als die Israeliten am Fuße des Berges Sinai lagerten, bereiteten sie schon am Tage vor der Offenbarung ihre Mahlzeiten für den großen Tag vor. Dann kam die Offenbarung, die natürlich auch die Speisegesetze enthielt; und es stellte sich bald heraus, daß das gekochte Fleisch gar nicht koscher war, d. h., den Vorschriften der neu offenbarten Speisegesetze nicht entsprach. Diese Speisegesetze waren ja *vor* der Offenbarung noch unbekannt. Statt der vorbereiteten Mahlzeit mußte also jetzt ganz schnell etwas hergerichtet werden. Und was ist leichter zuzubereiten als Milch- und Käsegerichte?!

Einleuchtender ist dann schon die Bemerkung Gasters, daß das Trinken von Milch und das Essen von Käsegerichten ein uralter Bestandteil von Bauernfesten ist, die im Frühling gefeiert werden, wobei Gaster auf entsprechende Feste bei den alten Römern, bei den Schotten, bei den Mazedoniern und bei den Kanaanitern hinweisen kann.[23] Nicht alles, was heute zum jüdischen Brauchtum gehört, muß unbedingt auf jüdischem Boden gewachsen sein. Der Geschmack des Käsekuchens, den meine Frau zum Wochenfest bäckt, wird dadurch nicht beeinträchtigt.

Wir konnten das Wortspiel mit dem „Gebirge aus Käse" dem Leser nicht vorenthalten. Wir wollen das Kapitel über das Wochenfest nun mit einem anderen Wortspiel, einem viel ernsteren, beenden.

Die Tage zwischen dem Pessachfest und dem Wochenfest werden nach biblischer Vorschrift gezählt – auch heute noch, obwohl es schon längst geschriebene und gedruckte Kalender gibt, die über den Termin des Wochenfestes keinen Zweifel mehr aufkommen lassen. Die Tage werden *erwartungsvoll* gezählt, in religiöser Stimmung, die auch in einem dazugehörigen Segensspruch, einer *berakhah,* ihren Ausdruck findet. Die Tage werden gezählt, beinahe so, als ob man die Ankunft des Wochenfestes sehnlichst erwartet. Denn das Wochenfest bringt erst den *Zweck* der Erlösung, die in dem Auszug aus Ägypten, der am Pessachfest gefeiert wird, nur ihren Anfang hatte.

Die Erlösung aus ägyptischer Sklaverei brachte die körperliche Befreiung. Aber mit der körperlichen Befreiung allein ist es nicht getan. Der Mensch muß auch geistig frei sein, frei vom Aberglauben und von der Furcht, die einem das Heidentum einflößt. Diese geistige Befreiung erlebte Israel erst am Berge Sinai, als Gott ihm die Torah gab.

Und nun das Wortspiel: „Die Tafeln", so heißt es in Exodus 32, 16, „hatte Gott selbst gemacht, und die Schrift, die auf den Tafeln eingegraben war, war Gottes Schrift." Das hebräische Wort für „eingegraben" ist *charuth.* Dazu bemerkte Rabbi Josua ben Levi im dritten Jahrhundert n.: „Lies hier nicht *charuth* (‚eingegraben'), sondern *cheruth* (das hebräische Wort für ‚Freiheit')!" Und er fügte hinzu: „Der wahrhaft freie Mensch ist einer, der sich mit dem Studium der Torah befaßt."[24]

# IV

# Das Laubhüttenfest

*(Sukkoth)*

Unter allen biblischen Feiertagen war das Laubhüttenfest der fröhlichste. Wie hätte es auch anders sein können? Denn das Laubhüttenfest war ja das herbstliche Erntedankfest – wobei in Palästina zur Ernte natürlich auch die Weinlese gehörte, die doch überall mit großem Vergnügen gefeiert wird. Dazu kommt, daß man in den zwei Wochen vor dem Laubhüttenfest die ernstesten Tage des jüdischen Jahres begangen hatte: das Neujahrsfest und den Versöhnungstag, über die in den folgenden Kapiteln noch die Rede sein wird; und das Laubhüttenfest lieferte die psychologisch notwendige Entspannung. Trotzdem bemühte man sich darum, das Vergnügen und die Entspannung innerhalb eines *religiösen* Rahmens zu halten. „Seid vor dem Herrn, eurem Gott, fröhlich!", heißt es dabei.[1]

Wie das Pessachfest und das Wochenfest, war auch das Laubhüttenfest ein Wallfahrtsfest, zu dem man nach Jerusalem pilgerte. Die Bibel selbst benutzt den Ausdruck *chag* (= Wallfahrtsfest) im Zusammenhang mit allen drei Feiertagen. Aber in der rabbinischen Literatur bedeutet *chag* schlechthin, d.h. ohne weitere Bestimmung, immer das Laubhüttenfest – ein Zeichen dafür, wie beliebt und eindrucksvoll gerade das Laubhüttenfest gewesen sein muß. Das Laubhüttenfest selbst war ein siebentägiges Fest, an dem am ersten Tag keine schwere Arbeit verrichtet wurde. Aber unmittelbar nach dem siebentägigen Laubhüttenfest wurde auch ein achter Tag als ein „Tag heiliger Versammlung" begangen, der entweder als achter Tag des Laubhüttenfestes oder als selbständiger „Tag der Festversammlung" *(Schemini Azereth)* betrachtet wurde. (Orthodoxe und viele konservative Juden in der Diaspora feiern neben dem ersten Feiertag auch noch den zweiten als Fest, an dem keine schwere Arbeit verrichtet wird, und neben dem achten auch noch einen neunten.)

Wie die anderen zwei Wallfahrtsfeste, hat auch das Laubhüttenfest seinen Ursprung in dem landwirtschaftlichen Leben des biblischen Volkes Israel. Daraufhin weisen auch seine zwei wichtigsten Bräuche: die Laubhütte und der Feststrauß. Die Laubhütte ist eine Hütte, die aus natürlichen Materialien zum zeitweiligen Gebrauch errichtet wird, so daß der Bauer oder der Winzer zur Erntezeit nah bei seinem Arbeitsplatz übernachten kann. Der Prophet Jesaja, in einem anderen Zusammenhang, erwähnt einmal die „Hütte im Weinberg",[2] wobei er das hebräische Wort *sukkah,* von dem auch beim Laubhüttenfest die Rede ist, gebraucht. Nehemia 8,15 nennt die Materialien, die zur Errichtung der Hütte am Laubhüttenfest benutzt wurden: Zweige von veredelten und von wilden Ölbäumen, Zweige von Myrten, Palmen und Laubbäumen. Die spätere Tradition besteht nicht unbedingt auf gerade diesen Materialien, verlangt aber dennoch, daß die Laubhütte kein festes Gebäude ist und daß das Dach durchsichtig genug bleibt, nachts den Anblick der Sterne von der Hütte aus zu ermöglichen.

Die Bibel verlangt nun, daß der Israelit sieben Tage lang in einer derartigen Laubhütte tatsächlich *wohnt.* So wurde es gewiß auch im Lande Israel gemacht; und die Frommen tun es dort noch heute. In anderen Ländern hängt es vom Klima ab, wie wörtlich man das „Wohnen" in der Laubhütte auffaßt. Wo es zu kalt ist, beschränkt man sich auf das Einnehmen aller Mahlzeiten in der Laubhütte; und wo es gar zu kalt ist, begnügt man sich damit, die Hauptmahlzeiten an den Hauptfeiertagen und gelegentliche Imbisse an den Zwischenfeiertagen in der Laubhütte zu essen. Die Errichtung der Laubhütte und ihre Ausschmückung sind eine *mizwah,* ein religiöser Akt, an dem die Kinder besonders gerne teilnehmen. Wohnverhältnisse machen es nicht allen Juden möglich, ihre eigene Laubhütte zu errichten, denn man benötigt dazu ein Stückchen Garten oder einen Balkon, über dem sich kein anderer Balkon befindet, der den freien Blick auf den Sternenhimmel verhindern würde. Es wird daher gewöhnlich auch auf dem Synagogenhof eine Laubhütte errichtet, so daß selbst die Juden, die keine eigene Laubhütte haben, das Gebot der Laubhütte wenigstens teilweise erfüllen können.

Ist auch der landwirtschaftliche Hintergrund der Laubhütte absolut klar, so wird doch schon in der Bibel selbst die Laubhütte „historisiert", indem es heißt: „Alle Einheimischen in Israel sollen in Hütten wohnen, damit eure kommenden Generationen wissen, daß Ich die Israeliten in Hütten wohnen ließ, als Ich sie aus Ägypten herausführte. Ich bin der Herr, euer Gott."[3] So blieb dann auch das Laubhüttenfest erhalten, selbst als die Juden aufhörten, hauptsächlich ein landwirtschaftliches Volk zu sein. Die Laubhütte war dann eben nicht mehr „die Hütte im Weinberg", sondern das Symbol des göttlichen Schutzes und der göttlichen Vorsehung. Auch ohne feste Wohnung und ohne solide gebautes Haus kann man unter Gottes Schutz die Pilgerfahrt durch das Leben unternehmen. Und ohne Gottes Schutz nützt selbst die festgebaute Wohnung nichts.

Auch ein zweiter Brauch am Laubhüttenfest geht auf das ursprüngliche Erntedankfest zurück. Es handelt sich um den Feststrauß, hebräisch *lulaw* genannt, den man während der Festwoche schwingt und den man bei Prozessionen – ursprünglich um den Altar des Jerusalemer Tempels, nach der Tempelzerstörung um das Vorlesepult in der Synagoge – in der Hand hält. Die Zusammensetzung des Feststraußes besteht laut Levitikus 23,40 aus „schönen Baumfrüchten (wörtlich: ‚Frucht des Prachtbaumes'), Palmwedeln, Zweigen von dicht belaubten Bäumen und von Bachweiden". Nach alter rabbinischer Erklärung ist unter „Frucht des Prachtbaumes" eine zitronenartige Frucht zu verstehen, die hebräisch *ethrog* heißt und deren botanischer Name *citrus medica cedra* ist, und die „Zweige von dicht belaubten Bäumen" sollen Myrtenzweige sein.[4]

Zwar nehmen einige Wissenschaftler an, daß es sich in Levitikus 23,40 gar nicht um einen besonderen Feststrauß handelt, sondern nur um die Materialien, die zur Errichtung der Laubhütte verwendet werden, und sie zitieren Nehemia 8,15 als Beweistext; aber die in Levitikus 23,40 erwähnten Pflanzen decken sich nicht ganz mit den in Nehemia 8,15 aufgezählten, und auf jeden Fall steht fest, daß zur Zeit des zweiten Tempels der Feststrauß *(lulaw)* in Gebrauch war. Es ist ja auch ein weltweit bekannter Brauch, am Erntedankfest mit Pflanzen und Laub feierlich herumzuziehen.

So brachte denn der Feststrauß am Laubhüttenfest selbst noch in viel späteren Jahrhunderten der Diaspora den Duft der Natur auch in die ärmlichste Synagoge – was den christlich getauften englischen Ministerpräsidenten Benjamin Disraeli (1804–1881) zu dem Ausspruch veranlaßte: „Die Weinberge Israels haben aufgehört zu existieren, aber das ewige Gesetz verlangt von den Kindern Israels, immer noch ihre Weinlese zu feiern. Ein Volk, das darauf besteht, seine Weinlese zu feiern, selbst wenn es keine Früchte einzusammeln hat, wird seine Weinberge wieder in Besitz nehmen."[5]

Aber auch dem Feststrauß hat man versucht, eine symbolische Bedeutung beizulegen, wie etwa in der folgenden frühen rabbinischen Predigt:

> Der *ethrog* hat einen Geruch und einen guten Geschmack.
> So sind die Juden, die Gelehrsamkeit und gute Taten aufweisen können.
> Die Palme hat Früchte, die einen guten Geschmack, aber keinen Geruch haben.
> So sind die Juden, die Gelehrsamkeit, aber keine guten Taten aufweisen können.
> Die Myrte hat einen guten Geruch, aber keinen Geschmack.
> So sind die Juden, die gute Taten, aber keine Gelehrsamkeit aufweisen können.

Die Bachweide schließlich hat weder guten Geschmack noch Geruch.
So sind die Juden, die weder Gelehrsamkeit noch gute Taten aufweisen können.
Daher spricht Gott: „Es ist doch nicht möglich, sie zu zerstören. Sie sollen daher alle *einen* Bund bilden, so daß die einen für die anderen Versöhnung erwirken können."
Darum heißt es auch in Levitikus 23,40 (hier ganz wörtlich übersetzt): „Nehmt *euch* am ersten Tag die Frucht des Prachtbaumes usw." Das bedeutet: „Nehmt euch selbst!"[6]

So freudig der Bauer und der Winzer am Erntedankfest auch sein mögen, so kann doch ein gewisses Bangen nicht ausbleiben, das der Ernte im *nächsten* Jahr gilt. Wird es genügend Regen geben, so daß es auch nächstes Jahr eine gute Ernte wird? Regen ist ja für den Bauern – und ganz besonders für den Bauern im Morgenland – eine Existenzfrage; und im Lande Israel fängt die Regenzeit bald nach dem Laubhüttenfest an. Es war daher jüdischer Glaube, daß Gott am Laubhüttenfest über den kommenden Regen entscheidet.[7] Noch heute wird in der Synagoge vom achten Tag des Laubhüttenfestes an, und bis zum Pessachfest, für ausreichenden Regen gebetet – wobei es das erste Mal besonders feierlich zugeht.

Zur Zeit des Jerusalemer Tempels scheint nicht nur die tägliche Prozession mit dem Feststrauß – bei dem besonders das Hosanna in Psalm 118,25 („Ach, Herr, bring doch Hilfe!") betont und durch das Schwingen des Feststraußes unterstrichen wurde – das Flehen um den Regen dramatisiert zu haben, sondern auch das Umgeben des Altars mit Bachweiden weist auf ursprünglich der Magie nicht unverwandte Zeremonien zum Regenmachen hin. Natürlich hatte Israel, als diese Beschreibung in der Mischnah Aufnahme fand, das Magische schon längst hinter sich gelassen.[8]

Man verstand es aber zur Tempelzeit, selbst dieses existentielle Anliegen mit freudigen Zeremonien zu verbinden. Dazu gehörte die Wasserlibation am Altar und das damit verbundene Wasserschöpffest, das an den Zwischenfeiertagen des Laubhüttenfestes gefeiert wurde. In der Bibel steht davon nichts, und deshalb wollten auch die Sadduzäer, die sich streng an den Buchstaben der Bibel hielten, von der Wasserlibation nichts wissen. So geschah es einmal, daß der hasmonäische König und Hohepriester Alexander Jannai (103–76 v.), der ein Sadduzäer war, um seine Verachtung des volkstümlichen Brauches zu demonstrieren, das Wasser auf seine Füße, statt an den Altar goß. Die wütende Volksmenge bewarf ihn daraufhin mit ihren *ethrog*-Früchten.[9]

Von dem Wasserschöpffest heißt es: „Wer die Freude des Wasserschöpffestes nicht gesehen hat, hat nie in seinem Leben eine (richtige) Freude gesehen." [10] Es muß dort sehr lebhaft zugegangen sein.

> Die Frommen und die Wundertäter tanzten mit Fakkeln ... und sangen Lieder der Huldigung. Was sangen sie? „Heil dem, der nicht gesündigt hat! Aber dem, der gesündigt hat, wird Vergebung zuteil." Andere sangen: „Heil meiner Kindheit, die mein Alter nicht beschämt!" Das waren die Wundertäter. Andere wiederum sangen: „Heil dir, mein Alter, denn du bringst Sühne für meine Kindheit!" Das waren die reuigen Sünder.[11]

Und von Rabban Simeon ben Gamaliel wird erzählt, daß er einmal bei dem Wasserschöpffest mit acht brennenden Fakkeln getanzt hat, ohne daß eine davon zu Boden fiel.[12] Rabbi Josua ben Ḥananiah hat uns einen Bericht hinterlassen, wie er in seiner Jugend das Wasserschöpffest mitgemacht hatte:

> Während all der Tage des Wasserschöpffestes sind wir nie zum Schlafen gekommen. Am frühen Morgen sind wir zum täglichen Morgenopfer aufgestanden.

> Von dort ging's in die Synagoge. Von der Synagoge zurück zum Tempel für das zusätzliche Opfer. Von dort ging's zum Essen und Trinken. Von dort zum Lehrhaus. Von dort zum täglichen Nachmittagsopfer, und von dort zum Wasserschöpffest (wo der gute Rabbi wohl den größten Teil der Nacht verbracht haben wird – J. J. P.).[13]

Wie bei Erntedank- und Winzerfesten überall in der Welt, muß es auch beim Wasserschöpffest im Jerusalemer Tempel gelegentlich zu einer übergroßen Lustigkeit gekommen sein – eine Tatsache, die noch bis zum heutigen Tag in der Synagogenarchitektur ihre Nachfolgen hat. So wird berichtet:

> Ursprünglich verhielten sich die Zuschauer beim Wasserschöpffest so, daß die Männer innerhalb des Tempelvorhofes zuschauten und die Frauen von draußen. Als aber die Behörden merkten, daß es auf diese Weise zu Leichtsinnigkeiten kam, ließen sie an drei Himmelsrichtungen des Tempelvorhofes drei Galerien anbringen. Dort saßen jetzt die Frauen und schauten dem Wasserschöpffest zu, ohne mit den Männern in Berührung zu kommen.[14]

Auf diesem Präzedenzfall und auf dem Frauenvorhof des Jerusalemer Tempels, verbunden mit einer Exegese von Sacharja 12,12 („Das ganze Land wird trauern, jede Sippe für sich: die Sippe des Hauses David für sich und ihre Frauen für sich usw."), basiert die Institution der getrennten Frauengalerien in den orthodoxen Synagogen auch noch in der Moderne.[15] In den reformierten und den konservativen Synagogen der angelsächsischen Welt ist man von den Befürchtungen, die dieser Einrichtung zugrunde liegen, abgekommen; und Männer und Frauen sitzen zusammen beim Gottesdienst.

Die Verbindung des Laubhüttenfestes mit dem Regenfall geht auf die Bibel selbst zurück. Im 14. Kapitel des Propheten Sacharja, das immer noch als prophetische Lektion am ersten Tag des Laubhüttenfestes dient, ist von einem Laubhüttenfest die Rede, zu dessen Feier alle Völker Jahr für Jahr nach Jerusalem hinaufziehen, „um den König, den Herrn der Heerscharen, anzubeten".[16] Und dort heißt es auch: „Wer aber nicht nach Jerusalem hinaufzieht von allen Stämmen der Erde, um den König, den Herrn der Heerscharen, anzubeten, bei dem wird kein Regen fallen."[17]

Es ist aber nicht nur die Verbindung zwischen dem Laubhüttenfest und dem Regen, die in diesem Kapitel des Propheten Sacharja vorausgesetzt wird, denn es geht ja hier auch um das Messianische. Nicht nur Israel soll das Laubhüttenfest feiern; die anderen Völker sollen das Gleiche tun, d.h., sie werden den Gott Israels als ihren Gott anerkennen und Ihn anbeten – wie es ja gerade in diesem Kapitel heißt: „Dann wird der Herr König sein über die ganze Erde. An jenem Tag wird der Herr der Einzige sein und Sein Name der einzige."[18]

Die messianische Hoffnung im Judentum bezieht sich nicht nur auf die Erlösung Israels, sondern ebenfalls auf die Erlösung der ganzen Menschheit. Es gibt keine „erlösten Enklaven" in einer unerlösten Welt. Daher ist auch die Predigt verständlich, die Rabbi Alexandri im dritten Jahrhundert predigte. Er hatte die Opfervorschriften für das Laubhüttenfest, wie sie in Numeri 29, 12–32 verzeichnet sind, sorgfältig studiert und fand, daß innerhalb der sieben Tage des Laubhüttenfestes genau siebzig Stiere geopfert worden sind. Die Zahl Siebzig ließ ihn aber sofort an die siebzig Völker denken, die im 10. Kapitel der Genesis als Nachkommen Noahs aufgezählt sind und die für die Rabbinen als Inbegriff der ganzen Menschheit galten. Und daher behauptete Rabbi Alexandri, daß am Laubhüttenfest Israel Opfer zum Wohle der ganzen Menschheit darbringt.[19]

Jesus von Nazareth muß mindestens einmal in seinem Leben das Laubhüttenfest im Jerusalemer Tempel mitgemacht haben, denn das Johannesevangelium erwähnt eine Wallfahrt Jesu nach Jerusalem während dieses Festes.[20] Erstaunlich ist jedoch, daß die frühe Kirche kein christliches Gegenstück zum jüdischen Laubhüttenfest bietet – so wie sie etwa Ostern als Ersatz für das Pessachfest hat und das Wochenfest als Pfingsten feiert. Natürlich dort, wo es christliche Bauern gibt, lebt der *Gedanke* des Laubhüttenfestes in verschiedenen Erntedankfesten weiter, die aber nicht unbedingt bewußt dem Laubhüttenfest nachgebildet sind.

Dennoch scheint das Laubhüttenfest nicht spurlos an den Evangelisten vorbeigegangen zu sein. Da gibt es zunächst einmal die Erzählung von der Verklärung Jesu.[21] Von allen drei Synoptikern wird erzählt, daß Petrus drei Hütten bauen wollte: eine für Jesus, eine für Mose und eine für Elija.[22] Das hier gebrauchte griechische Wort für „Hütte", *skenos,* ist auch das Wort, das die Septuaginta, die griechische Übersetzung der Bibel, in Levitikus 23,42 für die „Hütten" des Laubhüttenfestes verwendet. Es ist nicht unmöglich, daß Petrus hier an die messianische Bedeutung des Laubhüttenfestes gedacht hat, in dem Sinn, daß sowohl das Gesetz (Mose) wie auch die Propheten (Elija) auf den bereits erschienenen Messias (Jesus) hinweisen. Jedenfalls hat Harald Riesenfeld mit großer Plausibilität argumentiert, daß es sich bei der Erzählung über die Verklärung Jesu um ein Ereignis am Laubhüttenfest handelt.[23]

Ein zweites Ereignis, von dem das Neue Testament erzählt, hat schon wiederholt die Aufmerksamkeit von Forschern auf das Laubhüttenfest gelenkt. Wir meinen den Einzug Jesu in Jerusalem.[24] Hier jubelt das Volk Jesus zu, die Menschen schwingen ihm ihre Palmwedel entgegen und rufen ihm Hosanna zu. Gewiß leitet diese Erzählung da, wo sie jetzt in den Evangelien steht, die Ereignisse der Karwoche ein. Aber gehört die Erzählung wirklich dorthin? Oder hat sie erst später dort Aufnahme gefunden, als man verschiedene Ereignisse im Leben Jesu etwas „teleskopisch" zusammenfaßte?

Die Volksmenge mit ihren Palmwedeln und ihren Hosannas ist nämlich schwer mit dem anbrechenden Pessachfest in Einklang zu bringen. Sie paßt viel besser zu dem Laubhüttenfest. Daher hat sich auch der Neutestamentler Harvie B. Branscomb für den Einzug Jesu in Jerusalem an einem *Laubhüttenfest* ausgesprochen.[25] Auch Maurice Goguel behauptet, daß der Einzug Jesu am Laubhüttenfest stattgefunden hat.[26] Und Sherman E. Johnson, der den Kommentar zum Matthäusevangelium in der „Interpreter's Bible" verfaßt hat, läßt den Leser zwischen dem Laubhüttenfest und dem Chanukkahfest wählen.[27] Hier wollen wir nur darauf aufmerksam machen, daß der 118. Psalm mit seinem Hosanna zwar am Chanukkah- wie am Laubhüttenfest (wie übrigens auch am Pessach- und am Wochenfest und an Neumondstagen) gesungen wird, daß aber am Chanukkahfest keine Palmwedel in Prozessionen verwendet werden. Dabei gibt es allerdings *eine* Ausnahme. Im zweiten Makkabäerbuch wird berichtet, daß das erste Chanukkahfest, das nach dem Sieg der Hasmonäer gefeiert wurde, dem Laubhüttenfest teilweise nachgebildet war. Der Grund dafür ist angegeben: die siegreichen Hasmonäer erinnerten sich daran, daß sie das zwei Monate vorangehende Laubhüttenfest nicht richtig feiern konnten, weil die Feinde damals noch im Besitz des Tempels waren, und die Hasmonäer wollten jetzt das versäumte Laubhüttenfest so gut wie möglich nachholen. Aber das bezog sich tatsächlich nur auf das allererste Chanukkahfest und bedeutete keinen Präzedenzfall.[28] Palmwedel gehören zum Laubhüttenfest, und weder zum Chanukkah- noch zum Pessachfest.

Durchgesetzt unter den Neutestamentlern hat sich die Verbindung von dem Einzug Jesu mit dem Laubhüttenfest noch nicht allgemein. Erst jüngst schrieb Josef Blank von dem „unbegründeten Schluß ... daß es sich in Wirklichkeit um einen Einzug Jesu am Laubhüttenfest gehandelt habe."[29] Blank hat wohl auch das Gewicht der christlichen

Tradition auf seiner Seite. Und dennoch fällt es einem, der mit dem jüdischen Ritual zur Zeit Jesu vertraut ist, äußerst schwer, sich die Begebenheiten beim Einzug Jesu in Jerusalem zu irgendeinem anderen Zeitpunkt als dem des Laubhüttenfestes vorzustellen.

Dazu kommt noch, daß in einem gewissen Sinne die Erzählung vom Einzug Jesu in Jerusalem das Motiv einer „Erfüllung" der Prophetie Sacharjas vorauszusetzen scheint. Wir erinnern uns, daß bis zum heutigen Tage das letzte Kapitel des Buches Sacharja am Laubhüttenfest in der Synagoge vorgelesen wird. Die Eselin in Matthäus 21,2–6 wird ja vom Evangelisten selbst als „Erfüllung" von Sacharja 9,9 dargestellt; und die Tempelreinigung, bei der Jesus „alle Händler und Käufer aus dem Tempel hinaustreibt",[30] erinnert doch recht stark an Sacharja 14,21, den letzten Satz im Buch dieses Propheten: „Und kein Händler wird an jenem Tag mehr im Haus des Herrn der Heerscharen sein." Was diesem Vers im 14. Kapitel des Sacharja vorausgeht, ist die Beschreibung des messianischen Laubhüttenfestes; und es ist vielleicht nicht zu weit hergeholt, wenn man in den Begebenheiten des Einzugs, die zwischen dem Losbinden der Eselin und der Tempelreinigung liegen, also in Matthäus 21,8–9, ein Echo eben jenes Laubhüttenfestes hört.

Dennoch bleibt die Frage, warum denn die Kirche das Laubhüttenfest sozusagen „verdrängt" hat. Vielleicht hatte das etwas mit der allegorischen Schriftauslegung zu tun, die in der christlichen Kirche eine weit größere Rolle als im rabbinischen Judentum spielte. Wir wissen zum Beispiel, daß der Kirchenvater Methodius (der um 311 starb) sich über die Juden geradezu lustig machte, weil die Juden am Laubhüttenfest *wirkliche* Laubhütten errichten. Nachdem er Levitikus 23,39–42 zitiert hat, fährt er fort:

> Hier glauben die Juden, die um den nackten Buchstaben der Schrift wie Drohnen um die Blätter von Kräutern herumfliegen, und nicht wie Bienen um Blumen und Früchte, daß diese Worte und Gesetze über die

> Art von Laubhütte, die sie bauen, gesprochen worden sind – als ob Gott an diesen unbedeutenden Verzierungen, die sie aus Bäumen vorbereiten und machen, ohne die Fülle der kommenden Dinge zu ahnen, Wohlgefallen hätte. Denn diese (irdischen) Dinge, die wie Luft und Schattengebilde sind, haben doch nur den Zweck, die Auferstehung vorauszusagen ...[31]

Schon Paulus hatte das Wort *skenos* (= „Hütte") als Bezeichnung für den menschlichen Körper gebraucht und ihm „eine Wohnung von Gott, ein nicht von Menschenhand errichtetes ewiges Haus im Himmel" entgegengesetzt.[32] Daran knüpft nun Methodius an. Und so empfand das Christentum keine Notwendigkeit, das Laubhüttenfest, selbst in christlich verklärter Form, beizubehalten.

Nur eine kleine Erinnerung an das Laubhüttenfest ist in der christlichen Kirche geblieben, und auch nur dann, wenn wir uns der Meinung derjenigen Neutestamentler anschließen, die in der Erzählung von Jesu Einzug in Jerusalem ein Ereignis zur Zeit des Laubhüttenfestes sehen. Die Prozession mit Palmzweigen am Palmsonntag ist für die Christen von Jerusalem schon seit etwa 400 belegt, wenn auch im Westen diese Prozession erst seit Mitte des achten Jahrhunderts bezeugt ist.[33]

Die Festkalender der Bibel kennen einen achten Tag des Laubhüttenfestes, an dem, wie am ersten Tag, ein Arbeitsverbot gilt. Jedoch wird der Feststrauß nur *sieben* Tage lang gebraucht, und auch das „Wohnen" in den Laubhütten findet nur *sieben* Tage lang statt. So kommt es nun, daß man zwar diesen Tag als achten Tag des Laubhüttenfestes bezeichnete, sich aber dennoch bewußt war, daß dieser Tag sozusagen auf seinen eigenen Füßen zu stehen hatte und als Feiertag für sich selbst anzusehen ist.[34] Eine Begründung dieses Tages wird von der Bibel nicht angegeben. Im dritten Jahrhundert erklärte sich Rabbi Alexandri diesen achten Tag folgendermaßen: Ein König gab ein Festmahl, das sieben Tage lang dauerte. Während dieser ganzen Woche war der Sohn des Königs ständig mit den Gästen beschäftigt. Am Ende der Woche sagte der König zu seinem Sohn: „Jetzt, wo wir nicht mehr mit der Bewirtung der Gäste beschäftigt sind, wollen wir beide einen ganzen Tag zusammen verbringen." So war auch Israel während der sieben Tage des Laubhüttenfestes mit dem Wohlergehen der ganzen Menschheit beschäftigt, indem während dieses Festes Opfer für die ganze Menschheit gebracht wurden. Erst jetzt können Gott und Israel einen ganzen Tag lang intim beisammen sein und feiern.[35]

Das mag ein interessanter Versuch gewesen sein, eine Harmonie zwischen den universalistischen und den partikularistischen Elementen des Judentums herzustellen. Ernster zu nehmen ist schon eine Bemerkung von Rabbi Alexandris Zeitgenossen Rabbi Josua ben Levi, der den hebräischen Namen dieses Feiertages erklären wollte. In der Bibel wird nämlich dieser Feiertag auch *Azereth* genannt. *Azereth* kann in der Tat, wie die „Einheitsübersetzung" übersetzt, „Festversammlung" bedeuten. Es kann aber auch als „Schlußfest" verstanden werden. In diesem Sinn heißt dann auch in der rabbinischen Literatur nicht nur der achte Tag des Laubhüttenfestes „der achte Tag, das *Azereth*-Fest", sondern auch das Wochenfest wird in der rabbinischen Literatur *Azereth* genannt, indem es als „Schlußfest" der mit dem Pessachfest anfangenden fünfzigtägigen Periode aufgefaßt wird.[36] Auch Flavius Josephus nennt das Wochenfest mit seinem aramäischen Namen: *Azartha.*[37] So meinte nun Rabbi Josua ben Levi, daß das *Azereth*-Fest am achten Tage des Laubhüttenfestes an sich fünfzig Tage nach dem Laubhüttenfest hätte gefeiert werden sollen, so wie auch das Wochenfest fünfzig Tage nach dem Pessachfest gefeiert wird. Aber Gott hatte Mitleid mit den Israeliten und wollte sie nicht während der Winter- und Regenzeit mit einer Pilgerfahrt nach Jerusalem bemühen. Daher folgt das *Azereth*-Fest sofort auf das Laubhüttenfest.[38]

Hinter dieser Äußerung des Rabbi Josua scheint mehr zu stecken, als sich Rabbi Josua ben Levi vielleicht selbst bewußt war. Der Kalender im biblischen Israel hat nämlich verschiedene Wandlungen durchgemacht, von denen nur noch wenige Spuren sichtbar geblieben sind. Hildegard und Julius Lewy haben sich bemüht zu zeigen, daß der älteste israelitische Jahreskalender aus Pentecontaden, d.h. aus fünfzigtägigen Perioden bestand, bei denen der fünfzigste Tag immer als „Schlußfest" gefeiert wurde. Die *Azereth*-Feste der biblischen und rabbinischen Literatur sollen noch ein Andenken daran bewahren.[39]

Natürlich feiert man keine Feste im Andenken an hinfällig gewordene Kalenderberechnungen, und auch die Erklärung des Rabbi Josua ist nicht *der* Grund dafür, daß das Fest gefeiert wird. Als Grund genügt es ja, daß die Bibel die Feier dieses Tages anordnet; und wie wir bereits gesehen haben, gibt die Bibel bei diesem Fest keinen Grund zur Feier an. So wird also dieser Tag durch Einstellung der Arbeit, durch festliche Mahlzeiten und durch die Feiertagsliturgie gefeiert. Letztere schließt das Singen der „*Hallel*-Psalmen" (Psalmen 113–118) mit ein, wie auch Vorlesungen aus Pentateuch und Propheten und, wenn es nicht bereits am Sabbat der Mittelfeiertage stattgefunden hat, das Lesen des biblischen Buches Kohelet, mit seiner ihm eigenen Mischung von Genuß und Abgeklärtheit, Lebensfreude und zynischem Ernst – vielleicht deshalb eingeführt, um die Ausgelassenheit der Weinlese etwas im Zügel zu halten.[40] Recht feierlich wird der sogenannte „Zusatzgottesdienst" am späten Morgen dieses Tages gestaltet. Hier wird nämlich zum ersten Mal im neuen Jahr der Satz: „Du läßt den Wind wehen und sendest Regen zur Erde nieder" in das Hauptgebet eingeschaltet, wo er dann täglich bis zum Pessachfest gesagt wird. Er gilt als Wahrzeichen der Regenzeit, d.h. des Winters in Palästina. Seine erste Rezitation wird von verschiedenen synagogalen Dichtungen und Gesängen begleitet, die landwirtschaftliche Anliegen mit messianischen Hoffnungen in Verbindung bringen. In den Gemeinden, die ihren Gottesdienst nach dem sogenannten polnischen Ritus gestalten, findet an diesem Tag auch, wie am Versöhnungstag und an den anderen Wallfahrtsfesten, eine Seelenfeier zum Andenken an die Verstorbenen statt – was dann ohnehin den Synagogenbesuch am *Azereth*-Fest sichert, selbst wenn dieser Tag an anderen Bedeutungen arm sein sollte. (Wo nach dem deutschen oder dem spanisch-portugiesischen Ritus gebetet wird, findet die Seelenfeier nur am Versöhnungstag statt.)

Ist nun das *Azereth*-Fest im Vergleich zu anderen Festen gewissermaßen etwas „blaß", so ist es gerade der nicht-biblische, von orthodoxen und vielen konservativen Juden in der Diaspora gefeierte „zweite Feiertag" dieses Festes, der eine reichhaltige Bedeutung gewonnen hat. Das geschah fast aus Zufall. Im Palästina der frührabbinischen Zeit brauchte man drei bis dreiundeinhalb Jahre, um in wöchentlichen Vorlesungen am Sabbat den Pentateuch von Anfang bis Ende vorzulesen. Es gab zur Zeit der Mischnah in Palästina keinen einheitlichen Zyklus der Torahvorlesungen. Auf ein Minimum von einundzwanzig Versen für die sabbatliche Lesung wurde bestanden; ein Maximum von Versen wurde nicht angegeben.[41] Dagegen entwickelte sich bei den Juden in Babylonien der Brauch, den Pentateuch in größere Perikopen aufzuteilen, so daß man innerhalb eines Jahres den ganzen Pentateuch bei den sabbatlichen Gottesdiensten vorlesen konnte. Der jährliche Zyklus der Pentateuchvorlesungen ergab das Ende des Buches Deuteronomium zur Zeit des Laubhüttenfestes und den Anfang der Genesis am Sabbat nach dem Laubhüttenfest. Im Judentum gilt von der Torah der Satz: „Wende sie hin und her nach allen Seiten, denn Alles ist in ihr."[42] Man wollte daher das Vorlesen aus der Torah nie „zu Ende" bringen. Daher entstand der Brauch, gleich nach Beendigung der Vorlesung aus dem Ende des Buches Deuteronomium die Vorlesung der ersten Verse des Buches Genesis folgen zu lassen. So wird dann auch nie mit dem Lesen aus der Torah „aufgehört".

Diese beiden Lesungen wurden für den (nicht-biblischen)

„zweiten Tag" des *Azereth*-Festes angesetzt; und dieser Tag erhielt dadurch seinen eigenen Charakter als *Simchath Torah*, „Torahfreudenfest". Der Talmud kennt dieses Fest noch nicht. Es entstand erst in nachtalmudischer Zeit – und mußte sich, wie das ja mutatis mutandis bei allen religiösen Neuerungen in allen Konfessionen der Fall ist, auch über so einige rabbinische Einwände hinwegsetzen.[43] Aber es hat sich überall durchgesetzt und gehört seit langem zu den fröhlichsten Feiertagen des jüdischen Jahres. Da im Laufe der Zeit der babylonische Brauch, die Torah innerhalb eines Jahres zu lesen, den längeren palästinensischen Zyklus – selbst im Lande Israels! – verdrängt hat, wurde das Torahfreudenfest von den palästinensischen Juden am biblischen Tag des *Azereth*-Festes gefeiert, was heute noch der Brauch in den israelischen Gemeinden ist; und das reformierte Judentum im englischen Sprachbereich, das die zweiten, nicht-biblischen Feiertage prinzipiell ablehnt, begeht das *Azereth*-Fest hauptsächlich als Torahfreudenfest. So hat dann schließlich, über verschiedene Umwege, der achte Tag des Laubhüttenfestes, das *Azereth*-Fest, seine eigene Bedeutung gefunden, die zwar im biblischen Festkalender nicht vorgesehen war, die aber dennoch die Mischung von biblischer Vorschrift mit menschlicher religiöser Schaffensfreude, wie sie dem Judentum eigen ist, exemplifiziert.

Zur Feier des Torahfreudenfestes gehören die Prozessionen mit allen Torahrollen, die eine Gemeinde besitzt, die Ehrung eines Gemeindemitglieds, als „Bräutigam der Torah" die Segenssprüche bei der Vorlesung der letzten Verse des Deuteronomiums zu sprechen, und eines anderen Gemeindemitglieds, Gleiches als „Bräutigam der Genesis" bei der Vorlesung der ersten Genesisverse zu tun, der fröhliche Gesang bei den Prozessionen, der Fahnenzug der Kinder in der Synagoge, der festliche Schmaus, bei dem auch der Wein fließt, der von den beiden „Bräutigamen" für die ganze Gemeinde veranstaltet wird, und schließlich bei den chassidischen und den chassidisch angehauchten Gemeinden sogar das Tanzen mit der Torahrolle im Arm. Nur ein Beispiel von den volkstümlichen Liedern, die in der Synagoge am Torahfreudenfest Verwendung finden, sei hier zitiert:

> Jubelt und jauchzet am Feste der Lehre,
> Spendet der Torah, der göttlichen, Ehre!
> Sie ist's, die Freude und Wonne uns schafft,
> Sie ist uns Leuchte und Flamme und Kraft,
> Sie ist der Lebensbaum, der uns beglückt,
> Sie ist der Lebensquell, der uns erquickt.[44]

Sowohl die ersten sieben Tage des Laubhüttenfestes als auch die ein oder zwei Tage des *Azereth*-Festes werden in der Liturgie „die Zeit unserer Freude" genannt. Freude ist das Leitmotiv dieser herbstlichen Feiertage – Freude an irdischen und an geistigen Gütern, Freude an der Natur und an den messianischen Erwartungen. Die alten Rabbinen haben es richtig erkannt. Hier wird das *chag,* das „Fest" par excellence, gefeiert, von dem es in Levitikus 23,40 heißt: „Vor dem Herrn, eurem Gott, sollt ihr fröhlich sein!"

# V

# Das Neujahrsfest

*(Rosch Haschanah)*

Unter den vielen Paradoxien, deren Spannung das Judentum aushält,[1] ist gewiß nicht die geringste, daß die Juden die zwei ersten Feiertage im Monat Tischri „die Hohen Feiertage" nennen und daß selbst Juden, die kaum noch Fühlung mit ihrem religiösen Erbe haben, ihre Zugehörigkeit zum Judentum durch Synagogenbesuch gerade (und oft *nur*) an *diesen* Feiertagen bekunden. Es handelt sich um das Neujahrsfest und den Versöhnungstag. Liegt etwas spezifisch „Jüdisches" in der Beobachtung der anderen jüdischen Feiertage – so daß das Pessachfest an den Auszug der Israeliten aus Ägypten erinnert, das Wochenfest an die sinaitische Offenbarung, das Laubhüttenfest an die Wüstenwanderung Israels usw., usf. –, dann fällt das Fehlen des spezifisch „jüdischen" Moments an den sogenannten „Hohen Feiertagen" ganz besonders auf. Am Neujahrsfest und am Versöhnungstag stehen nämlich die Juden nicht so sehr als *Juden* vor ihrem Gott, sondern als *Menschen*, sozusagen als Vertreter der ganzen Menschheit. Denn die Botschaft der „Hohen Feiertage" wendet sich an die Menschheit schlechthin. „Am Neujahrstage", heißt es in der Mischnah, „ziehen alle Erdenbewohner vor Gott wie ein Heer vorbei (um gerichtet zu werden); wie es in Psalm 33,15 heißt: ‚Der ihre Herzen gebildet hat, Er achtet auf all ihre Taten.'"[2] Der Mensch vor dem Richterstuhl Gottes: darum geht es am Neujahrstag; um die menschliche Verantwortung vor Gott und um die Hoffnung, daß eine vereinte Menschheit die Alleinherrschaft Gottes anerkennt. Hier sei aus der Liturgie des Neujahrsfestes zitiert:

Und so laß denn,
Herr, unser Gott,
ein Erschauern vor Dir
über all Deine Werke kommen
und ein ehrfürchtiges Bangen vor Dir
über alles, was Du erschaffen hast,
daß Dich alle Geschöpfe fürchten
und alle Wesen sich vor Dir beugen,
und sie alle ein Bund werden,
Deinen Willen zu tun
mit ungeteiltem Herzen.[3]

Aber vielleicht ist es doch keine Paradoxie. Vielleicht liegt das spezifisch „Jüdische" gerade in dem hier ausgedrückten Universalismus – wenn auch als psychologisch verständliche Reaktion auf Verfolgungen in manchen Epochen der jüdischen Geschichte, wie z. B. der heutigen, ein betonter Partikularismus zum Ausdruck kommt. Schließlich beginnt ja die hebräische Bibel nicht mit dem Auszug der Israeliten aus Ägypten und noch nicht einmal mit Abraham, dem ersten Hebräer. Die hebräische Bibel fängt mit der *Weltschöpfung* an – und mit dem ersten *menschlichen,* nicht dem ersten jüdischen Ehepaar. So wird dann auch in der jüdischen Tradition das Neujahrsfest als „Geburtstag der Welt" aufgefaßt. Um wieder die Liturgie des Neujahrsfestes zu zitieren:

Heute ist der Geburtstag der Welt,
heute werden vor Gericht gezogen
alle Weltgeschöpfe –
sei es als Kinder,
sei es als Knechte.
Wenn als Kinder,
dann erbarme Dich unser,
wie ein Vater sich seiner Kinder erbarmt.
Wenn als Knechte,
dann hängen unsere Augen an Dir,
bis Du uns gnädig bist,

und bis Du heute unseren Richtsspruch ins Licht
führst,
Du Heiliger![4]

Der dahinterliegende Gedankengang ist etwa so aufzufassen: Der Geburtstag der Welt gibt Anlaß zur feierlichen Anerkennung des Weltenschöpfers. Gott wird als „König der Welt" gepriesen. Gott selbst aber benutzt diese Gelegenheit dazu, sich das, was in der Welt geschieht, vor Augen zu führen, d. h., sich der Taten der Menschen zu erinnern und die Menschen zu richten. Poetisch ausgedrückt, wie die Liturgie es oft tut, verzeichnet Gott dann das von Ihm gefällte Urteil in Büchern – wovon sich sowohl das Gebet: „Schreibe uns ein in das Buch des Lebens!" als auch der am Neujahrsfest übliche Gruß: „Mögest du für ein gutes Jahr eingeschrieben werden!" ableiten. Es gilt das Neujahrsfest also nicht nur als „Geburtstag der Welt", sondern auch als „Tag des Gerichts" und als „Tag der Erinnerung", wobei letzterer Name sich auf Levitikus 23, 24 stützt, wo es, wörtlich übersetzt, heißt: „Im siebten Monat, am ersten Tag des Monats, ist für euch Ruhetag, ein Tag der Erinnerung durch Lärmblasen." „Tag des Lärmblasens" ist die Beschreibung dieses Feiertages in Numeri 29, 1 und auch sonst in der jüdischen Tradition – wozu bemerkt werden muß, daß nach rabbinischer Auffassung das „Lärmblasen" mit einem Widderhorn, *schofar* genannt, zu geschehen hat.

Ob die Bibel selbst mit „Lärmblasen" ein Widderhorn meint, soll hier einmal dahingestellt bleiben, wie ja auch aus den zitierten Bibelstellen, die vom „ersten Tag des siebten Monats" reden, weder erkenntlich ist, daß es sich hier um ein Neujahrsfest handelt, noch klar ist, daß die erwähnte „Erinnerung" sich auf ein gerichtliches Verfahren bezieht. Wir werden darauf noch zurückkommen. Festzuhalten ist jedenfalls, daß das „Lärmblasen" für den ersten Tag des siebten Monats festgesetzt ist und daß das rabbinische Judentum das „Lärmblasen" als Widderhornblasen und die „Erinnerung" als Gericht versteht. Daß das nicht unbedingt aus dem Wortlaut der Schrift folgen *muß,* geht auch daraus hervor, daß die mittelalterliche jüdische Sekte der Karäer, die sich an den Wortlaut der Bibel hielt und die rabbinische Tradition verwarf, diesen Feiertag als ein Fest wie das Pessach-, das Wochen- und das Laubhüttenfest, und nicht als Neujahrsfest feierte[5] und an diesem Fest von einem Widderhorn keinen Gebrauch machte.[6]

Bleiben wir hier aber bei dem Neujahrsfest des rabbinischen Judentums. Charakteristisch sind die Idee vom „Geburtstag der Welt" und vom „Tag der Erinnerung", der als „Tag des Gerichts" aufgefaßt wird, wie auch das wiederholte Blasen des Widderhorns beim Neujahrsgottesdienst. Während die Bibel selbst keine Begründung des „Lärmblasens" bringt, fanden es die alten Rabbinen nicht schwierig, eine Verbindung zwischen dem „Lärmblasen" und dem „Tag des Gerichts" herzustellen, wie sie ja auch christlichen Lesern aus dem Neuen Testament und von der Hymne „Dies Irae" her bekannt sein dürfte. Zusammenfassend schrieb Maimonides im zwölften Jahrhundert:

> Obwohl das Blasen des Widderhorns am Neujahrsfest ein biblisches Gebot ist (und daher keiner weiteren Begründung bedarf), so enthält es doch an und für sich schon die folgende Anregung: „Wacht auf, ihr Schlafenden, aus eurem Schlaf; und ihr Schlummernden, wacht auf aus eurem Schlummer! Untersucht eure Taten, und kehret bußfertig um! Gedenkt eures Schöpfers! Ihr, die ihr das ganze Jahr hindurch durch modische Eitelkeiten die Wahrheit in Vergessenheit geraten läßt und euch mit Eitelkeit und Leere, die nichts nützen und helfen, beschäftigt, schaut in eure Seelen und bessert eure Wege und Taten!"[7]

Das Widderhorn führt aber auch noch zu anderen Assoziationen. Hier soll darauf aufmerksam gemacht werden, daß das 22. Kapitel der Genesis die Pentateuchperikope für den zweiten Tag des Neujahrsfestes bei den orthodoxen und konservativen Juden, und die Perikope für den einzigen Tag des Neujahrsfestes bei den reformierten Juden ist. Bekanntlich heißt es in diesem Kapitel, daß, als Gott die Opferung Isaaks ablehnte, Abraham, statt seines Sohnes, einen Widder opferte, „der sich hinter ihm mit seinen Hörnern im Gestrüpp verfangen hatte" (Genesis 22, 13). In einem rabbinischen Werk, das um das achte Jahrhundert herum entstanden sein dürfte, heißt es dazu, daß der Widder für Abraham schon seit den sechs Schöpfungstagen bereit stand. Das eine Horn dieses Widders wurde dann später von Gott bei der sinaitischen Offenbarung geblasen, denn es heißt in Exodus 19, 19: „Der Hörnerschall wurde immer lauter." Das zweite Horn des Widders wird dann zur Verkündung der messianischen Zeit geblasen werden, denn es heißt in Jesaja 27, 13: „An jenem Tag wird das große Widderhorn geblasen werden, dann kommen die Verirrten aus Assur nach Hause, und die in Ägypten Verstreuten kehren zurück; sie fallen vor dem Herrn in Jerusalem nieder, auf dem heiligen Berg." [8] So stellt dieser Passus eine Verbindung her zwischen den drei Hauptthemen der jüdischen Religion: Schöpfung, Offenbarung und Erlösung; und alle drei werden auch in der Liturgie des Neujahrsfestes durch entsprechende Rubriken zum Ausdruck gebracht.

Das Neujahrsfest ist also ein ernstes Fest. Zusammen mit dem Versöhnungstag, der am zehnten Tag des siebten Monats begangen wird, gehört es zu den „furchterregenden Tagen", und es stellt auch den Anfang der „zehn Bußtage" dar. Dennoch enthält die Liturgie des Neujahrsfestes keine Sündenbekenntnisse von der Art, die am Versöhnungstag eine erhebliche Rolle spielt; und der Charakter eines immerhin doch *freudigen* Feiertages – mit Heiligungsgebet *(Kiddusch),* über Wein gesprochen, und mit festlichen Mahlzeiten – bleibt dem Neujahrsfest bewahrt. Ist der Ton des Widderhorns ein Hauptmerkmal des öffentlichen Gottesdienstes am Neujahrsfest, so hat die Volksfrömmigkeit im Laufe der Jahrhunderte dem Neujahrsfest auch noch ihre eigene Prägung gegeben. Beim häuslichen Heiligungsgebet über den Weinpokal am Vorabend des Neujahrsfestes besteht der

Brauch, ein Stückchen Apfel in Honig zu tauchen und, wenn man es ißt, folgendes Gebet zu sprechen:

> Möge es Dein Wille sein,
> Herr, unser Gott und Gott unserer Väter,
> daß Du uns das neue Jahr
> ein gutes und süßes werden läßt.[9]

Um die Bedeutung des Neujahrsfestes als ersten der „zehn Bußtage" zu unterstreichen, entstand in der Volksfrömmigkeit folgender Brauch: Am Nachmittag des ersten Tags des Neujahrsfestes (oder am zweiten Tag, wenn der erste Tag auf einen Sabbat fällt) geht man an einen Fluß, einen Bach, oder ein Meer und spricht:

> „Wer ist ein Gott wie Du, der Du die Schuld verzeihst und dem Rest Deines Erbvolkes das Unrecht vergibst? Gott hält nicht für immer fest an Seinem Zorn; denn Er liebt es, gnädig zu sein." (Micha 7,18.) „Er wird wieder Erbarmen haben mit uns und unsere Schuld unterdrücken. Ja, Du wirfst all unsere Sünden in die Tiefe des Meeres hinab." (Micha 7,19.) So wirf denn alle Sünden Deines Volkes Israel an einen Ort, wo man sich ihrer nie mehr erinnert, wo ihrer nie mehr gedacht wird, und wo man nie mehr ihrer gewahr wird! „Du wirst Jakob Treue beweisen und Abraham Deine Huld, wie Du es unseren Vätern geschworen hast in den Tagen der Vorzeit." (Micha 7,20.)[10]

Dieser Brauch, *taschlikh* (= „Du wirfst") genannt, ist erst seit dem dreizehnten Jahrhundert bezeugt und mußte sich auch, wie so manch anderer Bestandteil der Volksfrömmigkeit, gegenüber rabbinischer Opposition behaupten. Der Schritt von einer symbolischen Dramatisierung des Gedankens, daß Gott unsere Sünden verschwinden läßt, *als ob* Er sie in die Tiefen des Meeres wirft, und der quasi-magischen Vorstellung, daß das fließende Wasser einem *tatsächlich* die Sünden wegspült, ist schließlich kein so großer. Immerhin spielt das Wasser als Symbol der geistigen Reinheit in der Religion, und nicht nur in der jüdischen, schon seit uralten Zeiten eine erhebliche Rolle; und während der Brauch des *taschlikh* auch erst seit dem dreizehnten Jahrhundert bezeugt ist, lassen sich ähnliche Observanzen schon in viel früheren Jahrhunderten aufzeigen. Aus der Praxis des nicht-orthodoxen Judentums der Neuzeit ist dieser Brauch weithin verschwunden.[11]

Daß Jesus und seine Jünger den ersten Tag des siebten Monats mitgefeiert haben, ist anzunehmen, obwohl das Neue Testament nichts davon zu erzählen weiß. Ob sie aber diesen Tag als Neujahrsfest gefeiert haben werden, ist fraglich. In der Bibel selbst wird ja diesem Feiertag nirgends die Bedeutung eines Neujahrsfestes beigelegt. Im Gegenteil, in Exodus 12, 2 heißt es ganz ausdrücklich: „*Dieser* Monat soll die Reihe eurer Monate eröffnen, er soll euch als der erste unter den Monaten des Jahres gelten." Es handelt sich dabei um den Monat, in dem das Pessachfest gefeiert wird, also um einen *Frühlings*monat, der auch in Deuteronomium 16, 1 als *Abib* (= „Frühling") bezeichnet wird. Im achten Kapitel des Buches Nehemia ist zwar von einer feierlichen Volksversammlung die Rede, bei der, etwa um das Jahr 400 v., am ersten Tag des siebten Monats der Pentateuch als die Verfassung des zweiten jüdischen Gemeinwesens anerkannt wurde. In diesem Zusammenhang heißt es auch: „Nun geht, haltet ein festliches Mahl, und trinkt süßen Wein! Schickt auch denen etwas, die selbst nichts haben; denn heute ist ein heiliger Tag zur Ehre des Herrn. Macht euch keine Sorgen, denn die Freude des Herrn ist eure Stärke"[12] – Worte, die bis zum heutigen Tag auf das jetzt übliche Neujahrsfest bezogen werden;[13] aber in dem biblischen Kapitel selbst ist von einem *Neujahrsfest* keine Rede.

Auch ein gelehrter alexandrinischer Zeitgenosse Jesu, Philo von Alexandrien (ca. 20 v. – 50 n.), scheint die Neujahrsbedeutung dieses Tages entweder nicht zu kennen oder nicht zu akzeptieren.[14] Und der etwas spätere Flavius Josephus geht bei seiner Erwähnung des Feiertages am ersten Tag des siebten Monats nicht auf seine Bedeutung als Neujahrsfest ein.[15] Der Neujahrscharakter dieses Festes wird sich erst allmählich entwickelt haben – vielleicht weil, wie einige moderne Wissenschaftler vermuten, bis zu einem gewissen Zeitpunkt das Laubhüttenfest auch die Rolle eines Neujahrsfestes gespielt hat. Immerhin wird es mehr als reiner Zufall sein, daß in den vier Festkalendern des Pentateuchs – Exodus 34, 18–26; Levitikus 23; Numeri 28 und 29; und Deuteronomium 16 – der „erste Tag des siebten Monats" nur in den Kalendern von Levitikus und Numeri genannt wird. Beides sind Kalender, die von der modernen Wissenschaft dem sogenannten „Priesterkodex" zugeschrieben werden und die wahrscheinlich ihren Platz in der Torah erst nach der Rückkehr der Judäer aus dem babylonischen Exil fanden.

Erst die Anfang des dritten Jahrhunderts n. entstandene, rabbinische Mischnah, die allerdings auch viel älteres, mündlich tradiertes Material bringt, nennt diesen Feiertag ganz deutlich einen „Neujahrstag". Besser ausgedrückt, sie nennt ihn als *einen* von *vier* ihr bekannten Neujahrstagen. Es heißt dort:

> Es gibt vier Jahresanfänge. Am ersten Nissan beginnt das Regierungsjahr der Könige und der Zyklus der Wallfahrtsfeste. Der erste Ellul ist Jahresanfang für die Berechnung der Verzehntung des Viehs. Rabbi Ele'asar und Rabbi Simeon sagen, daß das am ersten Tischri sei. Der erste Tischri gilt als Anfang für die Berechnung von Jahren, Brachjahren und Jubel-Jahren und für die Berechnung der Jahre von Baum- und Gemüsepflanzungen. Am ersten Schewat beginnt ein neues Jahr für die Bäume (was die im Gesetz vorgeschriebenen Abgaben betrifft). Das ist die Meinung der Schule Schammais. Die Meinung der Schule Hillels ist, daß das Baumjahr am fünfzehnten Schewat anfängt.[16]

Das hört sich fast modern an. Denn auch der heutige Mensch rechnet mit verschiedenen Jahresanfängen. So beginnt für den Christen das *bürgerliche* Jahr am 1. Januar, das *Kirchenjahr* aber am ersten Adventssonntag. Daneben fängt in einigen Ländern das Geschäfts- und Steuerjahr an wiederum einem anderen Termin an usw., usf. Im Gegensatz zum biblischen Sprachgebrauch war es der Mischnah um so leichter, das Jahr am ersten Tag des *siebten* Monats anfangen zu lassen, weil man zur Zeit der Mischnah die Monate schon längst nicht mehr, wie es die Bibel tat, „erster Monat", „zweiter Monat" usw. nannte, sondern sie mit den babylonischen Namen wie Nissan, Ijjar, Siwan usw. bezeichnete. Es war rein sprachlich leichter, das Jahr am ersten Tag des Monats Tischri anfangen zu lassen, als es gewesen wäre, wenn man diesen Termin als „ersten Tag des *siebten* Monats" bezeichnet hätte.

So hält denn die Mischnah am biblischen Gebot fest, indem sie den Zyklus der Wallfahrtsfeste, sozusagen das „Kirchenjahr", am ersten Nissan (wie der biblische „erste Monat" jetzt genannt wurde) anfangen läßt, das „bürgerliche Jahr" aber im Tischri (wie der biblische „siebte Monat" jetzt hieß). Doch bleibt es nicht bei der rein „bürgerlichen" Bedeutung. Der folgende Paragraph der Mischnah, den wir bereits am Anfang dieses Kapitels zitiert haben, erklärt dann, daß am Neujahrstag (womit hier der erste Tischri bezeichnet wird) alle Erdenbewohner von Gott gerichtet werden.[17] Von nun an ist das das ausschlaggebende Element dieses Feiertages; und wenn, ohne weitere Bezeichnung, vom „Neujahrstag" in der jüdischen Literatur die Rede ist, dann wird eben damit jener Tag gemeint, den die Bibel den „ersten Tag des siebten Monats" nennt.

Dahinter liegt eine beachtenswerte Entwicklung, die auf die geistige Schöpfungskraft des rabbinischen Judentums hinweist. Was wissen wir denn wirklich über den biblischen „ersten Tag des siebten Monats"? Die Bibel fügt ja den Beschreibungen als „Erinnerung durch Lärmblasen" und „Tag des Lärmblasens" nichts hinzu. Es mag sich dabei um eine rein kultische Veranstaltung gehandelt haben. Und wer weiß, ob es nicht ursprünglich mit dem vorgeschriebenen „Lärmblasen" eine Bewandtnis hatte, die dem modernen religiösen Gefühl ziemlich fragwürdig wäre? Primitive Völker haben versucht, mit Lärmmacherei ihre Gottheiten „aufzuwecken" und böse Geister zu verscheuchen. Nicht so primitive Völker haben das Lärmmachen für den Silvesterabend beibehalten; und auch in so manchen volkstümlichen Auffassungen innerhalb des Judentums galt (und gilt) das Blasen des Widderhorns als Mittel, den Israel anklagenden Satan vor dem Richterstuhl Gottes zu verjagen. (Es ist für einen nicht geübten Bläser oft schwer, dem Widderhorn die vorgeschriebenen Töne zu entlocken. Dann heißt es, daß sich der Satan in das Widderhorn gesetzt hat, um den Zweck des Blasens zu verhindern!) Das blieb jedoch alles volkstümliche Auffassung, die allerdings in einigen chassidischen Kreisen noch heute fortlebt.

Aber das von der Mischnah entworfene Bild von der ganzen Menschheit, die an diesem Tag vor Gott vorüberzieht, um von Ihm gerichtet zu werden, macht es einem Maimonides (und auch schon vielen seiner Vorgänger) möglich, das „Lärmblasen" an den *Menschen* gerichtet sein zu lassen, um den *Menschen* aus seinem geistigen Schlummer zu wekken und um den *Menschen* von den modischen Eitelkeiten zu der Wahrheit zurückzuführen. Diese Tendenz findet dann auch in der Neuzeit ihre Fortsetzung. Beliebt es der mittelalterlichen synagogalen Poesie, das Bild vom himmlischen Gericht in immer grelleren Farben auszumalen, so sind sich viele moderne Juden in zunehmendem Maße bewußt, daß es sich hier um Metaphern handelt und daß der diesen Metaphern zugrundeliegende Gedanke zu verinnerlichen ist. Man geht also mit sich selbst zu Gericht und läßt sich durch die liturgischen Texte und Handlungen zur Introspektion führen – etwa in dem Sinn von: „Hilf uns, Gott, uns selbst so zu sehen, wie Du uns siehst!"

Wir haben schon in einem anderen Zusammenhang erwähnt, daß das orthodoxe Judentum und ein großer Teil des konservativen Judentums der Diaspora immer da zwei Feiertage feiert, mit Ausnahme des Versöhnungstages, wo die Bibel die Feier eines Tages verlangt. Das geschah ursprünglich zu einer Zeit, als die Monatsanfänge noch durch eine tatsächliche Sichtung des neuen Mondes festgesetzt wurden und man sicher sein wollte, daß alle Juden, im Lande Israel und in der Diaspora, auch wirklich einen Tag zusammen feiern. Aber im Fall des Neujahrsfestes wurden auch in Palästina zwei Tage gefeiert – um ganz sicher zu gehen. Als aber im vierten Jahrhundert n. ein astronomisch berechenbarer Kalender aufkam und die Sichtung des neuen Mondes nicht mehr benötigt wurde, ging man auch in Palästina wieder auf die biblische Anordnung zurück und feierte nur *einen* Tag Neujahrsfest. Dennoch wird seit langem schon wieder auch in Palästina das Neujahrsfest zwei Tage lang gefeiert – weil, wie der große Forscher der rabbinischen Literatur, Solomon Zeitlin, bewiesen hat, eine Gruppe von jüdischen Einwanderern aus der Provence im zwölften Jahrhundert darauf bestand, den ihnen angestammten Brauch, das Neujahrsfest zwei Tage lang zu feiern, auch in Palästina durchzusetzen.[18]

Das Neujahrsfest ist der erste der zehn Bußtage, die als solche in der täglichen Liturgie durch besondere Gebete gekennzeichnet sind und die ihren Höhepunkt am 10. Tischri, dem Versöhnungstag, erreichen. Hat also das Neujahrsfest auf diese Art seine „Nachwirkungen", so hat es auch schon, angefangen mit dem ersten Tag des vorangehenden Monats Ellul (August/September), seine vorbereitenden „Vorzeichen". Vom Neumondstag des Monats Ellul an wird das Widderhorn nach dem täglichen Morgengottesdienst geblasen. Ausgenommen sind nur die Sabbattage und der Vortag des Neujahrsfestes. Letzteres hat den Zweck, das Blasen am Neujahrstag selbst als etwas „Neues" empfinden zu lassen. Aber schon vier Wochen vorher sollen die Töne des Widderhorns die Menschen geistig auf das Neujahrsfest vorbereiten.

Diese Stimmung wird dann in der Woche vor dem Neujahrsfest noch erhöht. Vom Sabbatausgang der Woche, in der das Neujahrsfest gefeiert wird, an ist es frommer Brauch, täglich noch vor Sonnenaufgang in die Synagoge zu gehen, um dort *selichoth,* d. h. Gebete um göttliche Verzeihung, zu sprechen. In früheren Jahrhunderten war es Brauch, tatsächlich noch vor Sonnenaufgang aufzustehen, um diese Gebete zu sprechen. In letzter Zeit ist es üblich geworden, die *selichoth*-Gottesdienste um Mitternacht herum abzuhalten, also noch bevor man sich schlafen legt. Auch begnügen sich viele Gemeinden mit dem Abhalten dieses Gottesdienstes bei der allerersten Gelegenheit, ohne ihn an den weiteren Tagen zu wiederholen. Rhythmus und Tempo der heutigen Juden sind doch nicht ganz mit dem Lebensstil ihrer mittelalterlichen Vorfahren identisch.

Bußgebet um Mitternacht, Apfelscheibe in Honig getaucht, schmetternder Ton des Widderhorns, Gerichtsszene vor dem Richterstuhl Gottes, Heiligungsgebet über den Wein, festliche Mahlzeit, sehnliche Hoffnung auf eine vereinte Menschheit unter der Herrschaft des einen Gottes, Spaziergang zum Fluß, wo man – symbolisch – seine Sünden vom Wasser wegschwemmen läßt, Bitten um ein gutes und süßes Jahr, Bilder vom Buch des Lebens, in das man eingeschrieben werden will, Unterlassung gewerblicher Arbeit, Huldigung des Schöpfergottes, Feier des Geburtstages der Welt – all das sind Bestandteile des Festes vom „ersten Tag des siebten Monats", wie es sich im rabbinischen Judentum zum Neujahrsfest entwickelt hat. Es ist unter den jüdischen Feiertagen, zusammen mit dem Versöhnungstag, das Fest, an dem das rein Menschliche, das Universalistische, am meisten betont wird und das Partikularistische in den Hintergrund tritt. Aber gerade deshalb ist es vielleicht auch das „jüdischste" Fest, das daher auch immer noch die Anziehungskraft besitzt, selbst die fast verlorenen Schafe des Hauses Israels in die Synagoge zu locken, um sich zur väterlichen Glaubensgemeinschaft zu bekennen.

# VI

# Der Versöhnungstag

*(Jom Kippur)*

Wie herrlich, wenn er herausschaute aus dem Zelt,
wenn er heraustrat zwischen dem Vorhang:
wie ein leuchtender Stern zwischen den Wolken,
wie der Vollmond in den Tagen des Festes,
wie die strahlende Sonne über dem Königspalast,
wie ein Regenbogen, der in den Wolken erscheint,
...
wie herrlich, wenn er die Prachtgewänder angelegt
und sich mit allem Schmuck bekleidet hatte,
wenn er emporstieg zum erhabenen Altar
und die Einfassung des heiligen Raumes mit Glanz erfüllte,
wenn er die Opferstücke aus der Hand seiner Brüder nahm,
während er selbst bei dem aufgeschichteten Holz stand.
...[1]

Nein, das steht *nicht* in der hebräischen Bibel. Es ist zu spät geschrieben worden, um dort Aufnahme zu finden; und die Juden und die Protestanten rechnen es zu den Apokryphen. Aber es steht in der *katholischen* Bibel, im Buch Jesus Sirach, das im zweiten vorchristlichen Jahrhundert entstanden ist. In dem hier zitierten Gedicht feiert Jesus Sirach den Hohenpriester Simeon II, der von 218 bis 192 v. im Jerusalemer Tempel Dienst tat. Dieses Gedicht steht, wie gesagt, nicht in der hebräischen Bibel; aber der synagogale Dichter Jossé ben Jossé, der etwa im fünften Jahrhundert n. in Palästina wirkte, muß es dennoch irgendwo gesehen haben. Aus der Feder des Jossé ben Jossé stammt nämlich folgendes Gedicht:

Ja wohl, herrlich prangte der Hohepriester,
wenn er aus dem Allerheiligsten kam wohlbehalten,
ohne Unfall.
Gleich dem azurnen Zelte, gespannt in den Höhen,
war des Priesters Gestalt.
Gleich den Blitzen, die zucken aus dem Schimmer der Himmelsgestalten,
war des Priesters Gestalt.
Gleich der purpurblauen Schnur, prangend an des Gewandes Ecken,
war des Priesters Gestalt.
Gleich dem Bogen, der farbig glänzt am Gewölke,
war des Priesters Gestalt.
...
Gleich der Rose, die glänzet im prächtigen Garten,
war des Priesters Gestalt.
...
Gleich dem Sterne, der glänzet im äußersten Osten,
war des Priesters Gestalt.[2]

Während aber Jesus Sirach einen bestimmten Hohenpriester besingt, feiert Jossé ben Jossé den idealen Typ des Hohenpriesters schlechthin. Es geht in seinem Gedicht nicht um eine historische Persönlichkeit, sondern um den priesterlichen Kult in Jerusalem am Versöhnungstag. Die hier zitierten Zeilen sind nur das Ende eines sehr langen Gedichts, das in verschiedenen jüdischen Riten einen erheblichen Teil des sogenannten „zusätzlichen Gottesdienstes" am frühen Nachmittag des Versöhnungstages ausmacht. Das liturgische Gedicht ist eine poetische Bearbeitung des 16. Kapitels des Buches Levitikus, in dem das Ritual des Versöhnungstages beschrieben wird, der ersten sieben Kapitel des Mischnahtraktates *Joma,* welche die Anwendung von Levitikus 16 im zweiten Tempel ausführen, und von noch anderem rabbinischen Material.[3]

Es muß sehr eindrucksvoll gewesen sein, dieses Versöhnungsritual – mit seinen verschiedenen Opfern und Sündenbekenntnissen, mit dem Eintritt des Hohenpriesters in das Allerheiligste, mit den wiederholten Waschungen, dem Weihrauch und dem Bock, der, nachdem der Hohepriester seine Hände auf ihn gestützt hatte, in die Wüste geschickt wurde, um als Sündenbock die Sünden des Volkes weit fortzutragen.

So ging es am biblischen Versöhnungstag zu, auch noch zur Zeit des zweiten Tempels, bis dieser Tempel, im Jahre 70 n., von den Römern zerstört wurde. Jesus Sirach hat diesen Kult noch als Augenzeuge miterlebt. Jossé ben Jossé kannte es nur aus der Literatur. Diese Literatur, in Mischnah und Talmud enthalten, hat aber alle Einzelheiten des Versöhnungsrituals mit solcher Liebe und Ehrfurcht aufbewahrt, daß es Jossé ben Jossé und vielen anderen Dichtern nicht an Material mangelte, diese der Vergangenheit zugehörige Form der Gottesverehrung in poetischer Verklärung im Wortgottesdienst der Synagoge wieder aufleben zu lassen. Bis zum heutigen Tag lebt das Andenken an diesen Kult in der Liturgie der Synagoge fort. Der Beter in der Synagoge am Versöhnungstag wird sich bewußt, daß es ohne dieses biblische Versöhnungsritual keinen heutigen Versöhnungstag geben würde. Jedoch sind es wahrscheinlich nur sehr wenige Beter, die sich ferner bewußt werden, daß der heutige Versöhnungstag – ja der Versöhnungstag der letzten neunzehn Jahrhunderte – nicht nur in der äußeren Form, sondern auch inhaltlich etwas ganz anderes darstellt als sein biblischer Prototyp.

Bei dem Versöhnungstag, wie er im 16. Kapitel des Buches Levitikus beschrieben ist, wird nicht nur der Nachdruck auf das Kultische gelegt, sondern es scheint sich bei den dort erwähnten „Sünden" überhaupt vorzüglich um kultische Vergehen gehandelt zu haben. Die levitischen Reinheitsgesetze waren kompliziert. Es war relativ leicht, sich levitische Unreinheit – auch ganz unbewußt – zuzulegen. Man brauchte z. B. nur unter demselben Dach mit einer Leiche zu sein. Wenn man dann, ohne sich vorher den levitischen Reinigungsritualen zu unterziehen, den Tempel betrat, brachte man seine levitische Unreinheit in den Tempel und „verunreinigte“ auch ihn. Der Versöhnungstag scheint in erster Linie der levitischen „Reinigung“ des Tempels gedient zu haben. Für die alten Hebräer waren levitische „Reinheit“ und „Unreinheit“ objektive, und nicht subjektive Gebiete, d. h., man konnte auch ganz unschuldig und unbewußt durch levitische Unreinheit die Beziehungen von Gott zu Mensch und von Mensch zu Gott stören. Daher war es notwendig, diese Beziehungen an einem alljährlichen Versöhnungstag wieder herzustellen. So heißt es auch in Levitikus 16,30: „Denn an diesem Tag entsühnt man euch, um euch zu reinigen. Vor dem Herrn werdet ihr von allen euren Sünden wieder rein.“

Dieser Satz, den wir hier nach der „Einheitsübersetzung“ zitiert haben, ist das Leitmotiv des Versöhnungstages und wird als solches ständig auch noch in der heutigen Versöhnungstagsliturgie wiederholt – wobei natürlich das Wort „Sünden“ in einem viel weiteren Sinn als dem der levitischen Verunreinigung verstanden wird. Ja es ist dem Begründer der neukantianischen Marburger Schule, Hermann Cohen (1842–1918), aufgefallen, daß in dem oft wiederholten Sündenbekenntnis am Versöhnungstag, selbst in der Form, in der es in den orthodoxen Synagogen gesprochen wird, „soweit es spezialisiert wird, *nur rein sittliche Vergehungen* zwischen Mensch und Mensch ausdrücklich formuliert worden sind“. Cohen bemerkt dazu, daß „in dieser Beschränkung auf die rein sittlichen Vergehungen“ eine „monotheistische Großtat des Rabbinismus“ anzuerkennen ist.[4]

Bevor wir auf diese „Großtat des Rabbinismus“ näher eingehen, sollen erst noch die zitierten Worte aus Levitikus 16,30 kurz besprochen werden. Was die „Einheitsübersetzung“ bietet, ist *eine* Übersetzungsmöglichkeit, die aber andere Möglichkeiten nicht ausschließt. Der hebräische Originaltext kann nämlich auch als „Denn an diesem Tag entsühnt er euch ...“ konstruiert werden, wobei sich das

Wort „er" auf den Hohenpriester bezieht. Das mag der ursprüngliche Sinn dieses Verses in seinem Zusammenhang gewesen sein. Man kann diesen Vers aber auch folgendermaßen verstehen: „Denn an diesem Tag entsühnt Er euch ...", wobei sich das „Er" natürlich auf Gott bezieht. Beide Interpretationsmöglichkeiten finden in der rabbinischen Literatur und in der Liturgie ihren Niederschlag. Dazu kommt noch eine weitere Möglichkeit, die zwar den Text nicht wirklich emendiert, ihn aber so versteht, als ob, statt „an diesem Tag" (hebräisch: *ba-jom haseh*), „dieser Tag" (hebräisch: *ha-jom haseh*) stehen würde. Das bedeutete dann, daß der Versöhnungstag selbst, auch ohne Opfer und priesterliches Ritual, entsühnt! Allerdings ist dabei die vom Menschen unternommene „Umkehr" oder Buße eine selbstverständliche Voraussetzung.[5]

Es ist anzunehmen, daß sich, besonders nach der Tempelzerstörung im Jahre 70 n., gerade die zuletzt genannte Interpretation immer mehr durchsetzte. Die Tempelzerstörung war nämlich für das Judentum eine Herausforderung. Nicht nur wurde diese Zerstörung von den Christen als Beweis für die Wahrheit ihres Glaubens aufgefaßt,[6] sondern die damit verbundene Aufhebung des Opferkultes konnte auch bedeuten, daß von nun an der Jude ohne Sühnungsmöglichkeit vor Gott zu stehen hatte. Vielleicht haben sich damals viele Juden von der Theologie, die im Hebräerbrief zum Ausdruck kommt, überzeugen lassen, im Opfertod Jesu *die* Versöhnung zu sehen, für die der Kult des Versöhnungstages nur ein schattenhafter Prototyp war. Auf Grund dieser Theologie ist es dann auch verständlich, daß, obwohl der jüdische Versöhnungstag als Kalendertermin im Neuen Testament erwähnt wird,[7] und Jesus selbst, als observanter Jude, ihn wohl gefeiert haben wird, der Versöhnungstag als solcher im Festkalender der Kirche keine Aufnahme fand. Hier galt eben: „Wo aber die Sünden vergeben sind, da gibt es kein Sündopfer mehr."[8]

Die Juden aber, die sich der christlichen Bewegung nicht angeschlossen hatten, wurden von ihren Lehrern über allerlei Handlungen unterrichtet, die als Ersatz für die nicht mehr dargebrachten Opfer dienen konnten. Hier stand an erster Stelle das Gebet. Aber auch das Torahstudium, das Almosengeben und das Fasten konnten als Opferersatz dienen. Voraussetzung für alles war aber die *teschuwah,* die „Umkehr" oder Buße. In der Notwendigkeit, ohne Opfer auszukommen, mag folgende rabbinische Lehre entstanden sein:

> Sie fragten die Weisheit: „Was ist des Sünders Strafe?"
> Und die Weisheit antwortete (in den Worten von Sprichwörter 13,21): „Unglück verfolgt die Sünder."
> Dann fragten sie die Prophetie: „Was ist des Sünders Strafe?"
> Und die Prophetie antwortete (in den Worten von Ezechiel 18,4): „Wer sündigt, soll sterben."
> Dann fragten sie den Pentateuch: „Was ist des Sünders Strafe?"
> Und der Pentateuch antwortete: „Er soll ein Schuldopfer bringen, und es wird ihm Sühne zuteil."
> Dann aber fragten sie den Heiligen, gelobt sei Er, selbst: „Was ist des Sünders Strafe?" Und Er antwortete: „Laßt ihn Umkehr tun; dadurch wird er entsühnt!"
> Daher heißt es auch in Psalm 25,8: „Gut und gerecht ist der Herr, darum weist Er die Irrenden auf den rechten Weg."[9]

„Umkehr" ist die wörtliche Übersetzung von *teschuwah,* ein hebräisches Wort, das gewöhnlich mit dem deutschen Wort „Buße" übersetzt wird. Aber „Buße" ist nur *ein* Teil des *teschuwah*-Vorgangs, der folgende Stadien durchzumachen hat: Man muß sich an seine Sünden zunächst einmal erinnern, was, psychologisch gesehen, am schwierigsten sein dürfte; und man muß diese Sünden wahrhaft bereuen und sie öffentlich bekennen. Man muß dann alles daransetzen, dieselben Sünden nie wieder zu begehen. Das bezieht sich alles nur auf die Sünden, die man gegen Gott begangen hat. Hat man gegen einen Mitmenschen gesündigt, was ja an sich auch eine Sünde gegen Gott, den Quell der Ethik, ist, dann hat man zunächst einmal mit dem Mitmenschen wieder Frieden zu schließen, bevor man Gott um Verzeihung bittet.[10] Schließlich ist dann noch die Probe aufs Exempel zu stellen:

> Wie ist ein Umkehrender beschaffen? Rabh Judah sagte: Wenn die Gelegenheit, dieselbe Sünde zu begehen, ein zweites oder ein drittes Mal sich bietet und man ihr ausweicht, dann ist man ein Umkehrender.[11]

„Umkehr", das sei hier noch hinzugefügt, bedeutet die Umkehr zu Gott, wie es in Hosea 14,2–3 heißt:

> Kehr um, Israel, zum Herrn, deinem Gott!
> Denn du bist zu Fall gekommen durch deine Schuld.
> Kehrt um zum Herrn,
> nehmt Worte (der Reue) mit euch,
> und sagt zu Ihm:
> Nimm alle Schuld von uns,
> und laß uns Gutes erfahren.
> Statt Farren zahlen wir
> mit der Frucht unserer Lippen.

Auf diese Weise hat also das rabbinische Judentum die Tempelzerstörung überwunden. Das alte Versöhnungsritual wurde sozusagen verinnerlicht und vergeistigt, der Schwerpunkt vom Kultischen auf das Ethische verlegt. Der Anfang dieser Entwicklung scheint schon in der Bibel selbst zu liegen.

Wie der „erste Tag des siebten Monats", das Neujahrsfest, so findet auch der „zehnte Tag des siebten Monats", der Versöhnungstag, seine erste Erwähnung in denjenigen Teilen des Pentateuchs, die von der modernen Wissenschaft dem sogenannten „Priesterkodex" zugeschrieben werden.[12] Das hieße also eine Datierung im fünften vorchristlichen Jahrhundert, einem Zeitpunkt, dem auch der anonyme Prophet, dessen Worte im 58. Kapitel des Buches Jesaja zu lesen sind, nahe stand. Es läßt sich sogar vermuten, daß in diesem Kapitel das Mißverstehen des erst jüngst aufgekommenen Versöhnungstages getadelt wird:

> Seht, an euren Fasttagen macht ihr Geschäfte
> und treibt alle eure Arbeiter zur Arbeit an.
> Obwohl ihr fastet,
> gibt es Streit und Zank,
> und ihr schlagt zu
> mit roher Gewalt.
> So wie ihr jetzt fastet,
> verschafft ihr eurer Stimme droben kein Gehör.
> Ist das ein Fasten, wie Ich es liebe,
> ein Tag, an dem man sich der Buße unterzieht:
> wenn man den Kopf hängen läßt,
> so wie eine Binse sich neigt,
> wenn man sich mit Sack und Asche bedeckt?
> Nennst du das ein Fasten
> und einen Tag, der dem Herrn gefällt?
> Nein, das ist ein Fasten,
> wie Ich es liebe:
> die Fesseln des Unrechts zu lösen,
> die Stricke des Jochs zu entfernen,
> die Versklavten freizulassen,
> jedes Joch zu brechen,
> an die Hungrigen dein Brot auszuteilen,
> die obdachlosen Armen ins Haus aufzunehmen,
> wenn du einen Nackten siehst,
> ihn zu bekleiden
> und dich deinen Verwandten nicht zu entziehen.[13]

Hier steht die prophetische Forderung dem priesterlichen Ritual gegenüber, oder, um christlich zu reden, das Evangelium dem Gesetz. Das wäre aber wirklich dann eine Übersetzung in das Christliche. Auf jüdischer Seite sieht das etwas anders aus. Dieselben Rabbinen, die Levitikus, Kapitel 16 als Pentateuchperikope für den Morgengottesdienst am Versöhnungstag bestimmt haben, wählten Jesaja, Kapitel 58 als dazugehörige Vorlesung aus den Propheten. Sie bestimmten auch das Buch Jona als prophetische Lektion für den Nachmittagsgottesdienst am Versöhnungstag – wobei man sich vergegenwärtigen muß, daß für die alten Rabbinen das Ausschlaggebende in diesem Buch der Vers 3,10 war: „Und Gott sah ihr (d. h. der Einwohner Ninives) Verhalten; Er sah, daß sie umkehrten und sich von ihren bösen Taten abwandten. Da reute Gott das Unheil, das Er ihnen angedroht hatte, und Er führte die Drohung nicht aus." Dazu wird in der Mischnah bemerkt: „Es heißt hier *nicht:* ‚Gott sah ihre Sackbekleidung und ihr Fasten', sondern es heißt: ‚Gott sah ihr Verhalten; Er sah, daß sie umkehrten und sich von ihren bösen Taten abwandten.'"[14]

Das Kultische und das Prophetische gehören im Judentum zusammen. Ohne Kult kommt das Psychologische zu kurz, wird die Einheit und der Fortbestand der Glaubensgemeinschaft gefährdet. Aber ohne die Ethik der prophetischen Religion sinkt der Kult zum Aberglauben und zur Zauberei herab. Die Harmonie zwischen Kult und Ethik ist natürlich einer gewissen Dialektik unterlegen. Das eine oder das andere versucht zuweilen, einen Vorrang zu behaupten; und die Harmonie muß immer von neuem wiederhergestellt werden.

Gewiß ist durch die Tempelzerstörung das Kultische ipso facto in den Hintergrund getreten. Aber etwas davon ist doch übriggeblieben. So der den ganzen Tag lang währende Gottesdienst am Versöhnungstag. So die Liturgie, die ausführlich auf den Tempelkult Bezug nimmt. So auch das auf biblische Vorschrift zurückgehende Fasten am Versöhnungstag. Und schließlich der Versöhnungstag selbst.

Auf die Interpretationsmöglichkeit von Levitikus 16,30, die im Versöhnungstag selbst ein Mittel der Sühne sieht, ist bereits hingewiesen worden. Das könnte die Menschen allerdings auf magische Gedanken bringen. Daher auch die ausdrückliche Warnung in der Mischnah:

> Wenn jemand sagt: „Ich werde sündigen und dann Buße tun, wieder sündigen und wieder Buße tun", dann wird es ihm nicht glücken, Buße zu tun.
> Wenn jemand sagt: „Ich werde sündigen, denn der Versöhnungstag wird mir Sühne bringen", dann bringt der Versöhnungstag ihm keine Sühne.
> Der Versöhnungstag kann nur Sühne bringen für die Sünden, die der Mensch gegen Gott begangen hat. Für Sünden gegen Mitmenschen kann der Versöhnungstag keine Sühne bringen, bis man vom Mitmenschen Verzeihung erlangt hat.[15]

Es ist in diesem Kapitel schon wiederholt die Rede vom Fasten gewesen. Das Fasten ist in der Tat bis zur Gegenwart, neben dem ganztägigen Gottesdienst, dem auch schon am Vorabend ein längerer Gottesdienst vorangeht, ein Charakteristikum des Versöhnungstages. Die Bibel, in ihrer Anordnung des Versöhnungstages im Priesterkodex, erwähnt an sich nicht ausdrücklich das Fasten, obwohl es bestimmt auch mitgemeint war. Dort heißt es nämlich: „Ihr sollt euch Enthaltung auferlegen!"[16]

Für die alten Rabbinen lag in der gebotenen „Enthaltung" weit mehr als das Fasten:

> Am Versöhnungstag ist es verboten, zu essen und zu trinken, sich zu waschen und sich zu salben, Schuhe anzuziehen und ehelichen Verkehr zu pflegen.[17]

Allerdings wird im Judentum das Verbot, Schuhe anzuziehen, auf lederne Schuhe beschränkt. Man schämt sich sozusagen, am Versöhnungstag vor Gott zu erscheinen, wenn man an den Füßen Schuhe trägt, für deren Herstellung ein Lebewesen getötet werden mußte. Stoffschuhe und Gummischuhe sind aber erlaubt, und in orthodoxen Synagogen findet man oft Beter, die am Versöhnungstag Turnschuhe anhaben. In nicht-orthodoxen Gemeinden wird dieser Bestandteil der „Enthaltung" allgemein vernachlässigt. Auch das Waschverbot wird nicht rein wörtlich verstanden. Und was das Fasten betrifft, gilt folgende Regel:

> Wenn Sachkundige (d. h. Ärzte) es empfehlen, gibt man einem Kranken (am Versöhnungstag) etwas zu essen. Sind keine Sachkundigen anwesend, dann verläßt man sich auf das eigene Verlangen des Kranken, etwas zu essen, bis er „Genug!" sagt.[18]

Die „Enthaltung" wird in der Bibel *neben* dem Opferkult für den Versöhnungstag geboten, gilt also dort *nicht* als Opferersatz. Als aber der Opferkult aufhörte, kam doch bei manchen der Gedanke auf, daß das Fasten gewissermaßen das Opfer „ersetzt". Wenn man fastet, dann „opfert" man eben etwas, wenn auch nur durch die Verminderung von seinem eigenen Fett und Blut – wie das Rabh Schescheth (Babylonien, 3./4. Jahrhundert) in einem Gebet zu sagen pflegte, das er an Fasttagen, die er sich selbst auferlegte (also gerade *nicht* am Versöhnungstag), sprach.[19] Der Opfer*gedanke* hat also die Einstellung des Opferkultes überlebt. So ganz „vergeistigt" wurde er doch nicht, trotz all der Bemühungen, die in diese Richtung liefen. Immerhin begnügte sich Rabh Schescheth mit dem *Gedanken.* In der Volksfrömmigkeit sollte es in späteren Jahrhunderten anders aussehen.

Etwa seit dem neunten Jahrhundert ist der Brauch belegt, sich und seinen Familienmitgliedern am Vortag des Versöhnungstages einen Hahn über den Kopf zu schwingen (für weibliche Familienmitglieder eine Henne) und ihn als „Sühne" zu erklären. Danach wird der Hahn geschlachtet und einem Armen gegeben, oder es wird der Geldwert des Hahns unter die Armen verteilt. Dieser Brauch wurde *kapparoth,* „Sühneritual", genannt, im ostjüdischen Volksmund: *kappores.* [20]

Dieses Sühneritual ist ständig von den Rabbinen bekämpft worden, die es für abergläubig – und deshalb für sündhaft – hielten. Rabbi Josef Karo (1488–1575), der Verfasser des von der heutigen jüdischen Orthodoxie immer noch als verbindlich anerkannten Gesetzeskodexes, erwähnt dieses Ritual – und fügt sofort hinzu: „Dieser Brauch muß verhindert werden!"[21] Aber in diesem Kampf zwischen Gelehrtenreligion und Volksfrömmigkeit konnte sich selbst ein Josef Karo nicht völlig durchsetzen – jedenfalls nicht in Osteuropa und in den Kreisen, die aus Osteuropa in andere Länder eingewandert sind. Dagegen ist in den Gebetbüchern des orthodoxen Judentums im Westen dieser Brauch meistens gar nicht mehr erwähnt. Selbst diejenigen Gebetbücher im Westen, die dieses Ritual noch enthalten, lassen, soweit sie mit landessprachlichen Übersetzungen versehen sind, gerade die Texte für dieses Ritual unübersetzt.[22] Man merkt hier die Verlegenheit der Herausgeber. Dabei ist das Eröffnungsgebet bei diesem Ritual ganz „unschuldig". Es besteht aus einer Verkettung von Versen aus Psalm 107 und dem Buche Ijob.[23] Danach kommt allerdings folgender Ausspruch:

> Dies sei an meiner Stelle. Dies sei mein Ersatz. Dies sei meine Sühne. Dieser Hahn geht seinem Tode entgegen. Möge ich aber in ein gutes, langes und friedliches Leben eintreten.

Es erübrigt sich fast, hier noch hinzuzufügen, daß im liberalen und auch im konservativen Judentum dieser Brauch nie Aufnahme gefunden hat. Aber auch innerhalb der Orthodoxie hat die Volksfrömmigkeit den eigentlichen Synagogengottesdienst weit weniger beeinflussen können. Wie bereits erwähnt, ist ja der Synagogengottesdienst, der den ganzen Tag anhält und dem auch schon ein längerer Gottesdienst am Vorabend des Versöhnungstages vorangeht, das Hauptmerkmal dieses Tages. Es werden viele Psalmen gebetet und mehrmals Sündenbekenntnisse gesprochen.[24] Vorlesungen aus der Heiligen Schrift, synagogale Poesie des Mittelalters, Predigten und auch eine Seelenfeier, in der man sich der Dahingeschiedenen erinnert, machen, neben den Hauptgebeten, die allen jüdischen Gottesdiensten gemeinsam sind, die Liturgie des ganztägigen Versöhnungstagsgottesdienstes aus.

Die Stimmung ist ernst, teilweise auch recht demütig.

Aber sie ist nicht verzweifelt, denn die Hoffnung, ja die Sicherheit, daß Gott die Sünden verzeiht, ist Leitmotiv der Liturgie. Deshalb liegt selbst im Versöhnungstag etwas von dem freudigen Ton, der den anderen, fröhlicheren Feiertagen eigen ist. Das ist vielleicht am besten dadurch vor Augen geführt, daß die Männer in den Synagogen, die heute noch ganz unter dem Bann des mittelalterlichen Ethos stehen, am Versöhnungstag unter ihrem Gebetsmantel einen weißen Kittel tragen. (In den moderneren Synagogen wird dieser Kittel nur noch vom Rabbiner und vom Kantor in Form eines weißen Talars getragen.) Dieser weiße Kittel spielt am Versöhnungstag zunächst einmal auf weiß als Farbe der Unschuld an – wie ja auch am Versöhnungstag der Vorhang vor dem Torahschrein, die „Mäntel" der Torahrollen und die Decken des Vorbeterpults und der Kanzel weiß sind. Mit dem Kittel hat es aber noch eine weitere Bewandtnis. Im Mittelalter war dieser weiße Kittel ein Hochzeitsgeschenk, das die Braut ihrem Bräutigam gab, der ihn dann zur Hochzeit anzog. Der Kittel wird ebenfalls vom Familienvater getragen, wenn er am Vorabend des Pessachfestes im Familienkreis den *seder* leitet – also ein fröhlicher Anlaß. Dann, wie gesagt, am Versöhnungstag. Und schließlich ist der weiße Kittel die Bekleidung, in der ein traditioneller Jude beerdigt wird. So ist dann auch der weiße Kittel am Versöhnungstag Zeichen der erhofften Versöhnung, Ausdruck der feierlichen Stimmung – und *memento mori!*

Am Anfang des Gottesdienstes am Vorabend des Versöhnungstages wird *Kol Nidré* gesungen. Das ist eine juristische Formel, in der Gott um Ablaß gebeten wird für alle Gelübde, die der Mensch Gott gegenüber – aber *nicht* einem Mitmenschen gegenüber – geleistet hat oder leisten wird und die er nicht halten kann. Man will sozusagen das neue Jahr nicht mit Schulden Gott gegenüber beginnen. Die Verwendung dieser Formel am Eingang des Versöhnungstages kam etwa im achten, neunten Jahrhundert n. auf. Sie wurde zunächst von verschiedenen rabbinischen Autoritäten stark mißbilligt, fand aber schließlich doch überall Aufnahme – wobei allerdings der Wortlaut nicht überall der gleiche war und sich die Riten auch darin unterschieden, daß einige die Formel hebräisch, andere sie aramäisch vorgetragen haben; einige die Formel auf das vergangene Jahr bezogen, andere auf das kommende.

Zur Beliebtheit der *Kol-Nidré*-Formel, besonders in den letzten paar Jahrhunderten, in denen die Juden des Westens weder die aramäische Sprache verstanden noch dem Wortlaut der Formel, in die Landessprache übersetzt, viel Erbauung abgewinnen konnte, hat unzweifelhaft ihre berühmte Melodie beigetragen. Diese Melodie scheint aber erst um das fünfzehnte Jahrhundert herum aufgekommen zu sein.[25] Im neunzehnten und frühen zwanzigsten Jahrhundert hatte man, bei Beibehaltung der Melodie, in liberalen und reformierten Synagogen vielfach versucht, die *Kol-Nidré*-Formel durch Psalm 103 oder Psalm 130, durch neu verfaßte hebräische Texte, die mit der Auflösung von Gelübden nichts zu tun hatten, oder durch die von Leopold Stein (1810–1882) verfaßte deutsche Hymne „O Tag des Herrn!", die in Amerika auch ins Englische übersetzt wurde, zu verdrängen.[26] Aber die althergebrachte Formel hat dennoch die Konkurrenz ausgehalten; und in der letzten Ausgabe (1978) des amerikanischen Reformgebetbuches steht wieder die traditionelle aramäische Formel, ohne daß auch nur eine der vielen Neuschöpfungen als Alternative geboten wird.[27]

Besonders eindrucksvoll ist das Ende vom Schlußgottesdienst am Versöhnungstag, wenn die Sonne untergeht. Hier wird noch einmal sehr feierlich das „Höre, Israel!" gesagt: „Höre, Israel! Der Herr ist unser Gott, der Herr ist einzig."[28] Dann spricht die Gemeinde dreimal: „Gelobt sei der Name der Herrlichkeit Seines Reiches in Zeit und Ewigkeit." Danach wird siebenmal ausgerufen: „Der Herr, Er ist Gott!" Der Ruf stammt aus 1 Könige 18,39, wo er die Entscheidung des Volkes Israel ausdrückt, nachdem der Prophet Elija das Volk aufgefordert hatte, zwischen Baal und dem wahren Gott zu wählen. Schließlich wird ein langer Ton auf dem Widderhorn geblasen.

Auch das Blasen des Widderhorns am Versöhnungstag geht auf biblische Tradition zurück – nur daß es sich bei der *biblischen* Anordnung allein auf jeden *fünfzigsten* Versöhnungstag handelte. Mit dem Widderhorn wurde nämlich im biblischen Zeitalter der Anfang des Jubeljahres verkündet,[29] des Jahres, in dem verkaufte Grundbesitze an ihre ursprünglichen Besitzer zurückerstattet wurden und in dem Sklaven, die im siebten Jahr nicht freigingen, ihre Freiheit erlangten. In diesem Zusammenhang heißt es: „Erklärt dieses fünfzigste Jahr für heilig, und ruft Freiheit für alle Bewohner des Landes aus!"[30] In Erinnerung an diese biblische Einrichtung, aber auch in der Hoffnung auf eine befreite Menschheit klingt mit dem Schall des Widderhorns der Gottesdienst des Versöhnungstages aus.

Eine Vorschrift, die zuerst im Namen des Mainzer Rabbiners Jakob ben Moses Halevi Moellin (ca. 1360–1427) tradiert ist, besteht darauf, daß man sofort nach Beendigung des Schlußgottesdienstes am Versöhnungstag mit der Errichtung der Laubhütte für das in wenigen Tagen folgende Laubhüttenfest beginnt. „Denn die zehn Bußtage sind jetzt vorüber, und bevor man, Gott behüte!, wieder Sünden begeht, soll man zunächst einmal mit einer religiösen Tat anfangen, um das zu erfüllen, wovon es in Psalm 84, 8 heißt: ‚Sie sollen von Leistung zu Leistung gehen.'"[31]

Zur Zeit, als der Tempel in Jerusalem stand, hatte es noch einen anderen Ausklang des Versöhnungstages gegeben. Nachdem der Hohepriester seinen Dienst getan hatte und wohlbehalten aus dem Allerheiligsten hervorkam,

> zogen die Töchter Jerusalems in weißen Kleidern hinaus. Es waren geborgte Kleider, um diejenigen nicht zu beschämen, die keine eigenen weißen Kleider hatten. Als die Töchter Jerusalems aus der Stadt hinausgezogen waren, führten sie Reigentänze in den

> Weinbergen auf. Und was sangen sie? „Junger Mann, hebe deine Augen auf, und siehe, was du wählst. Schaue nicht auf äußerliche Schönheit, sondern auf Familie! ‚Trügerisch ist Anmut, vergänglich die Schönheit; nur eine gottesfürchtige Frau verdient Lob. Preist sie für den Ertrag ihrer Hände, ihre Werke loben sie in den Stadttoren!' (Sprichwörter 31,30f)."[32]

Brautschau am Versöhnungstag? Gewiß; denn wie die Mischnah berichtet, hat es in Israel keine fröhlicheren Tage gegeben als den fünfzehnten Aw (an dem Holz für den Tempelaltar geliefert wurde) und eben den Versöhnungstag.[33] Wenn man sich darauf verlassen kann, daß ein gnädiger Gott einem die Sünden verzeiht, wie Er es ja versprochen hat, dann darf man auch am Versöhnungstag fröhlich sein.

Dieser gewagte Gedanke kommt auch noch an einer ganz unerwarteten Stelle zum Ausdruck. Wie wir bereits gesehen haben, darf ein Kranker, wenn die Ärzte es empfehlen, am Versöhnungstag essen. Er *muß* es sogar, denn das Judentum erlaubt ihm nicht, durch das Fasten sein Leben aufs Spiel zu setzen. Wenn aber ein Jude ißt, muß er natürlich vor dem Essen einen Segensspruch sprechen und nach dem Essen ein längeres Tischgebet. Das geschieht auch, wenn man am Versöhnungstag essen muß – was an sich nicht erstaunlich ist. Dagegen *ist* es auf den ersten Blick erstaunlich, daß man unter den gegebenen Umständen in das Tischgebet das Gebet einzuschalten hat, das bei allen *freudigen* Anlässen in das Tischgebet eingeschaltet wird.[34]

Aber es ist tatsächlich nur auf den ersten Blick erstaunlich. Wenn man sich am Pessachfest über die Freiheit freut, am Wochenfest über die Offenbarung und am Laubhüttenfest über die göttliche Vorsehung, warum sollte man sich da nicht am Versöhnungstag über die Versöhnung freuen?!

Denn an diesem Tag entsühnt Er euch,
um euch zu reinigen.
Vor dem Herrn
werdet ihr von allen euren Sünden wieder rein.[35]

Und am Ende des Mischnahtraktates, der den Versöhnungstag behandelt, steht:

Rabbi Akiba sagte:
„Heil euch, Israel!
Vor wem reinigt ihr euch,
und wer reinigt euch?
Es ist euer Vater im Himmel!"[36]

# VII
# Das Purimfest

Das Purimfest ist der Feiertag, an dem das „happy end" des biblischen Buches Ester gefeiert wird – wobei einmal dahingestellt bleiben soll, ob der Feiertag seine Entstehung dem Buch verdankt oder das Buch seine Entstehung der Notwendigkeit, ein bereits bestehendes, nicht unbedingt jüdisches Fest „jüdisch" zu begründen. In der Frühlingszeit – und das Purimfest wird einen Monat vor dem Pessachfest gefeiert – gibt es ja bei vielen Völkern karnevalartige Veranstaltungen.[1] Historisch ist es überhaupt schwierig, mit dem Buch Ester zurechtzukommen. Wenn manche z. B. den König Achaschwerosch mit dem Perserkönig Xerxes I (486–465 v.) identifizieren, dann ist das eine interessante Hypothese, der aber nicht alle Wissenschaftler zustimmen. Obwohl nach Ester 10,2 die Begebenheiten der Estergeschichte auch in der Chronik der Könige von Medien und Persien aufgezeichnet worden sein sollen, so haben sich doch leider bis zum heutigen Tag die diesbezüglichen Aufzeichnungen noch nicht finden lassen. Und wenn der Text des Esterbuches, in 3,7 und 9,24, das Fremdwort *pur* mit dem hebräischen Wort für „Los" übersetzt, braucht das auch nichts weiter als eine Volksetymologie zu sein.

Selbst die alten Rabbinen, denen wir letzten Endes den Fortbestand des Purimfestes verdanken, scheinen gewisse Schwierigkeiten mit dem Buch Ester gehabt zu haben, d. h. mit dem hebräischen Urtext, wie er jetzt in den jüdischen und, in Übersetzung, in den evangelischen Bibeln steht. Die katholische Bibel hat den Estertext der Septuaginta, der griechischen Bibel, übernommen; und der enthält Träume, Traumdeutungen und auch Gebete, die im hebräischen

Text nicht zu finden sind. Ja im hebräischen Text wird selbst Gott kein einziges Mal erwähnt; und das scheint eben den alten Rabbinen Schwierigkeiten bereitet zu haben. In der aramäischen Paraphrase des Esterbuches, dem sogenannten *Targum Scheni,* haben sie dann auch das Versäumte nachgeholt und aus dem scheinbar säkularen Buch ein wirklich „frommes" gemacht.[2] Aber das Buch Ester in den biblischen Kanon aufzunehmen fiel ihnen doch nicht leicht.

Noch im dritten Jahrhundert n. wurde die Kanonizität des Buches Ester von den Rabbinen diskutiert. Der babylonische Lehrer Samuel meinte damals, daß das Buch Ester durch die Inspiration des Heiligen Geistes in mündlicher Form entstanden sei[3] – was wohl soviel bedeutet wie, daß das Buch Ester zwar im biblischen Kanon steht, daß aber seine schriftliche Form nicht ganz so „kanonisch" ist wie die der anderen dort aufgenommenen Schriften. Auffallend ist, daß man unter den biblischen Schriften, die in den Höhlen von Qumran entdeckt worden sind, noch kein Fragment des Buches Ester gefunden hat. Auffallend ist auch, daß, als der palästinensische Rabbi Me-ir im zweiten Jahrhundert n. einer jüdischen Gemeinde in Kleinasien einen Besuch abstattete, er dort keine hebräisch geschriebene Esterrolle finden konnte.[4] Das mag zwar bedeuten, daß es dieser Gemeinde nur an einer hebräisch geschriebenen Esterrolle mangelte, daß sie aber ein griechisches Esterbuch besaß. Es kann aber ebenso bedeuten, daß man in dieser Gemeinde, wie vielleicht auch in anderen Gemeinden, damals das Esterbuch entweder noch nicht kannte oder noch nicht als Bestandteil der Heiligen Schrift betrachtete.

Das sind alles höchst interessante wissenschaftliche Probleme – die aber mit der Feier des Purimfestes herzlich wenig zu tun haben. Es handelt sich hier nämlich um einen Feiertag, dessen existentielle Bedeutung seine rein historische Einordnung weit überragt und von dem es in einer rabbinischen Quelle heißt: „In der eschatologischen Zukunft werden alle Feiertage abgeschafft bis auf das Purimfest, das nie abgeschafft werden wird."[5]

Die Ester-Novelle mit ihren königlichen Gelagen, Hofintrigen, mit Brautschau, Haß und Liebe, fast an die viel späteren Erzählungen in „Tausend und eine Nacht" erinnernd, ist in ihrer biblischen Fassung kurz genug, so daß sie der Leser in der Heiligen Schrift selbst nachlesen kann. Sie braucht hier in ihren Einzelheiten nicht wiederholt zu werden. Kurz zusammenfassend sei hier gesagt, daß ein hundertundsiebenundzwanzig Provinzen regierender König, der aber als Pantoffelheld gezeichnet wird, einen Höfling namens Haman begünstigt. Letzterer nimmt ein persönliches Ärgernis mit einem jüdischen Höfling namens Mordechai zum Anlaß, einen pauschalen Antisemitismus zu entwickeln, der zur totalen Ausrottung der Juden in den hundertundsiebenundzwanzig Provinzen des Königs führen soll. Hamans Stellung als Wesir des Reiches scheint ihm die Ausführung seines mörderischen Plans zu sichern. Inzwischen hat sich aber der König die Nichte Mordechais, Ester, zur Frau genommen, und während es im Reiche der Meder und der Perser unmöglich für einen König ist, sein eigenes Edikt zurückzunehmen, kann Königin Ester ihn dennoch dazu bewegen, den Juden zu erlauben, sich gegen ihre Feinde zu wehren. Am Tag, der ursprünglich für die Ermordung der Juden festgesetzt war, findet ein Gemetzel statt, aus dem die Juden siegreich hervorgehen. Auf königlichen Befehl finden Haman und seine Söhne am Galgen ihr Ende, und Mordechai nimmt Hamans Stellung als Wesir des Reiches ein.

Ob sich das tatsächlich in den Tagen des Xerxes I oder eines anderen Perserkönigs ereignet hat oder nicht, ist unwichtig. Tatsache bleibt, daß das hier zugrunde liegende Schema sich in der langen jüdischen Geschichte oft genug wiederholt hat: die Juden befinden sich in Todesgefahr, werden aber in letzter Minute gerettet. Gewiß haben im Laufe der Geschichte viele Juden ihr Judesein mit ihrem Leben bezahlen müssen, auch in jüngster Zeit. Aber die Ausrottung der gesamten jüdischen Glaubensgemeinschaft ist bis jetzt noch niemandem geglückt. Das allein macht schon die absolut säkulare Estergeschichte zu einer „Wundergeschichte"; als solche wird sie auch in der Liturgie des Purimfestes bezeichnet.[6] Gottes heilsgeschichtliche Taten brauchen nicht immer auf „übernatürliche" Weise zu geschehen.

Der religiöse Mensch findet Spuren des göttlichen Waltens selbst in Geschehnissen, die auf ganz „natürliche" Weise vor sich gehen.

Selbstverständlich kann das „Wunder" der Estergeschichte auch auf andere Art erklärt werden:

> Aber was war eigentlich das größte Wunder von Purim?
> „Ester sagte ihm nichts von ihrem Volk und ihrer Herkunft" (Ester 2,10). „Ester sagte nichts ...?"
> Wenn ein Weib den Mund hält, das ist das größte Wunder.[7]

Ja, der Witz gehört auch zum Purimfest. Alles darf an diesem Tag bewitzelt und verspottet werden. Nichts bleibt sakrosankt. Lehrte doch schon der große, im Babylonien des vierten Jahrhunderts lebende Meister Rabha: „Man muß sich am Purimfest so antrinken, daß man den Unterschied nicht mehr kennt zwischen ‚Verflucht sei Haman!' und ‚Gesegnet sei Mordechai!'"[8] In den mittelalterlichen Talmudhochschulen wurde am Purimfest von den Studenten ein „Purimrabbi" gewählt, dessen Aufgabe es war, das ehrwürdige Schuloberhaupt durch den Kakao zu ziehen – ein Brauch, der auch hin und wieder von den Studenten an modernen Rabbinerseminaren aufgenommen worden ist, die sich aber nicht auf das Schuloberhaupt beschränken, sondern, wie der Schreiber dieser Zeilen aus eigener Erfahrung erzählen kann, auch anderen Professoren nichts ersparen. Selbst wenn sich die Purimgeschichte, wie sie im Buch Ester erzählt wird, nie zugetragen hätte, ist doch ein Tag wie das Purimfest eine absolute psychologische Notwendigkeit.

Es darf eben nicht alles Religiöse ununterbrochen im tiefen Bierernst betrachtet werden. Zur Religion gehört nicht nur der andächtig nach oben gerichtete Blick, sondern auch das fromme Schmunzeln und, wenigstens einmal im Jahr, das laute Lachen. Schließlich soll ja nach Psalm 2,4 der liebe Herrgott selbst ein lachender Gott sein. Das zu vergegenwärtigen, ist Aufgabe des Purimfestes.

Purim wird in der Bibel *nicht,* wie die anderen Feiertage, die wir bis jetzt beschrieben haben, „heilige Versammlung" genannt, d. h., es besteht am Purimfest kein Arbeitsverbot. Theoretisch ist Purim ein Werktag. Praktisch, wenn man traditionsgetreu lebt, wird einem zur Arbeit nicht viel Zeit übrigbleiben. Wie alle jüdischen Feiertage, fängt auch das Purimfest schon am Vorabend an. Beim Abendgottesdienst wird die Estergeschichte aus einer handgeschriebenen Pergamentrolle, einer *megillah,* von Anfang bis Ende vorgelesen, und zwar in einer besonderen Kantilene, die Fröhliches und Trauriges ganz dramatisch hervorhebt. Diese Vorlesung wird beim Morgengottesdienst des nächsten Tages wiederholt.

Seit alter Zeit hat sich der Brauch eingebürgert, jedesmal, wenn der Name des Bösewichts Haman in der Vorlesung vorkommt, auf den Boden zu stampfen und Geräusch zu machen. Die Kinder nehmen dazu eine Knarre, „Hamandreher" genannt, in die Synagoge mit, und es kann dort ziemlich toll zugehen. So toll, daß, als mit der Judenemanzipation auch ein gehobener Sinn für Ästhetik unter den deutschen Juden aufkam, man sich vielerorts – auch mit Erfolg – bemühte, diesen Brauch abzuschaffen.[9] Bis zum heutigen Tag unterscheiden sich Synagogengemeinden mit deutschen Mitgliedern von Synagogengemeinden mit osteuropäischen oder orientalischen Mitgliedern durch die verhältnismäßige Ruhe, die in deutschen Gemeinden bei der Vorlesung der Esterrolle herrscht.

Nach dem Morgengottesdienst ist man damit beschäftigt,

zu trinken, Festgaben für Freunde und Verwandte fertigzustellen und abzuliefern, zu trinken, Geschenke unter die Armen auszuteilen, zu trinken, an Maskeraden und dramatischen Veranstaltungen, „Purimspiele" genannt, teilzunehmen, zu trinken, und sich schließlich am späten Nachmittag zur Hauptmahlzeit des Purimfestes mit Verwandten und Freunden hinzusetzen. Auch dabei wird getrunken. Bei dem Purimfestmahl kann, besonders in gelehrten Familien, in denen die einschlägige Literatur bekannt ist, der Talmud und selbst die Liturgie ganz gehörig parodiert werden – ohne daß dadurch Anstoß erregt wird.

Die Festgaben, die man unter Freunden verteilt, heißen *schalach-manoth,* im Volksmund: *Schlachmones,* eine Bezeichnung, die auf Ester 9,22 zurückgeht, wo es heißt: „Sie (die Juden) sollen sie (die Purimtage) mit Essen und Trinken begehen und sich gegenseitig beschenken (hebräisch: *umischelo-ach manoth isch lere'ehu),* und auch den Armen sollen sie Geschenke geben." Es müssen an mindestens zwei Bekannte oder Freunde *schalach-manoth*-Geschenke abgegeben werden, und jedes derartige Geschenk muß mindestens aus zwei Eßwaren bestehen.

Fast selbstverständlich gehört zum *schalach-manoth*-Geschenk das Purimgebäck par excellence, jedenfalls unter den europäischen und amerikanischen Juden, nämlich ein dreieckiges mit Mohn gefülltes Stück Kuchen. Es wird „Hamantasche", manchmal auch „Hamansohr" genannt und soll angeblich auf den dreieckigen Hut Hamans zurückzuführen sein. Aber mit Haman persönlich hat es herzlich wenig zu tun, und es ist eher als Denkmal der deutsch-jüdischen Symbiose zu betrachten – obwohl die meisten Juden, die heute Hamantaschen essen, davon nicht die geringste Ahnung haben. In der hebräischen Aussprache, die unter deutschen Juden üblich war, wurde der Bösewicht der Erstergeschichte nämlich nicht „Haman", sondern „Homon" genannt. Ganz unabhängig davon hatte die deutsche Bäckerkunst ein Gebäck entwickelt, das nach seiner Füllung „Mohntasche" benannt wurde. Natürlich klang dieser

Name im jüdischen Ohr an den Namen „Homon" an; und so wurde die Mohntasche zur Homontasche oder Hamantasche! Heute ist Purim ohne Hamantasche völlig undenkbar. Gewiß gibt es Juden, die meinen, daß Königin Ester dieses Gebäck schon ihrem königlichen Gemahl Achaschwerosch gereicht hatte. Das wäre allerdings noch lange nicht die größte Fantasie, die mit dem Purimfest verbunden ist.

In der Purimgeschichte heißt es, daß, während die Juden in den hundertundsiebenundzwanzig Provinzen am 13. Tag des Monats Adar ihre Feinde besiegten und am 14. Adar ihre Befreiung feierten, den Juden in der Hauptstadt Susa noch ein zusätzlicher Tag zum Kampf gegen ihre Feinde gewährt wurde und sie daher den 15. Tag des Monats Adar als Siegesfest begingen.[10] So entstand das sogenannte „Purimfest von Susa" oder *Purim Schuschan,* das in Städten gefeiert werden soll, die, wie die Hauptstadt Susa, mit Mauern umgeben sind. Aber nicht in allen derartigen Städten. Um die Ehre Jerusalems zu betonen, wurde diese Feier auf diejenigen Städte beschränkt, die schon zur Zeit des biblischen Josua mit Mauern umringt waren.[11] Das läßt allerdings die Stadt Jerusalem das „Purimfest von Susa" feiern; aber von wieviel anderen heute noch existierenden Städten kann behauptet werden, daß sie zur Zeit des biblischen Josua schon mit Mauern umringt waren?

Ein israelischer Bekannter, dem, wie Martin Luther, die Estergeschichte zuwider ist, vielleicht weil er nicht einsieht, daß in dieser Geschichte mit der Feder statt mit dem Schwert gekämpft wird, daß in Wirklichkeit Tinte und nicht Blut geflossen ist, dieser Bürger der israelischen Republik macht von dem „Purimfest von Susa" guten Gebrauch. Den Tag, der in Tel Aviv mit großer Fröhlichkeit und aufsehenerregenden Paraden als Purim gefeiert wird, verbringt er in seinem Wohnort, Jerusalem. Am folgenden Tag, wenn der Purim-Trubel in Tel Aviv vorbei ist und das „Purimfest von Susa" in Jerusalem gefeiert wird, setzt sich der gute Mann in sein Auto und fährt nach Tel Aviv. Hätte er im talmudischen Zeitalter gelebt, würde der Talmud ganz bestimmt seinen Fall besprochen haben. Mindestens würde Rabha ihm gesagt haben, daß er das „Gebot", am Purimfest sich so anzutrinken, daß man zwischen ‚Verflucht sei Haman!' und ‚Gesegnet sei Mordechai!' nicht unterscheiden kann, wahrscheinlich nie richtig erfüllt hat.

# VIII
# Das Chanukkahfest

Es lehrten unsere Meister:
Als der erste Mensch sah, daß die Tage kürzer wurden, sprach er: „Wehe mir! Vielleicht ist es, weil ich gesündigt habe, daß die Welt um mich herum jetzt finster wird und zu Chaos und Leere zurückkehrt. Das also ist der Tod, zu dem mich Gott verurteilt hat."
Er verbrachte nun acht Tage mit Fasten und Beten.
Als aber die Wintersonnenwende kam und er bemerkte, daß die Tage wieder länger wurden, da sprach er: „Das ist eben nur der normale Lauf der Welt", und er feierte ein achttägiges Fest.
Im folgenden Jahr machte er beide (d. h. die acht Tage vor und die acht Tage nach der Wintersonnenwende) zu Feiertagen.
Er selbst wollte sie als Gott geweihte Tage festsetzen, aber die Heiden haben sie als dem Götzendienst geweihte Tage festgesetzt.[1]

Die Meister, die das gelehrt haben, kannten die römischen Calendae Januarii am Januaranfang und die römischen Saturnalien, die am 17. Dezember anfingen.[2] Aber es konnte ihnen nicht unbekannt geblieben sein, daß ihr eigenes Chanukkahfest um dieselbe Jahreszeit herum gefeiert wurde. Zwar wird die Wintersonnenwende nach dem Sonnenkalender berechnet, so daß sie am 21. oder 22. Dezember datiert wird, und das achttägige Chanukkahfest beginnt nach dem rabbinischen Kalender, der auf einer periodischen Harmonisierung des Mondkalenders mit dem Sonnenkalender basiert, am 25. Tag des Monats Kislew; aber es ergibt sich, daß das Chanukkahfest oft genug um die Zeit der Wintersonnenwende herum gefeiert wird. So wird z.B. zwischen 1985 und 1994 das Chanukkahfest sechsmal innerhalb einer Woche vor oder nach der Wintersonnenwende gefeiert. Da diese Meister vor der Mitte des dritten Jahrhunderts lebten, werden sie von dem christlichen Weihnachtsfest am 25. Dezember noch nichts gewußt haben. Denn die Kirche feierte damals noch die Geburt Jesu am 6. Januar.[3]

Immerhin lag hier ein Bewußtsein zugrunde, daß die Menschheit – schon seit ihren Uranfängen – zur Zeit der Wintersonnenwende Feste feiert, Feste, die sowohl eine monotheistische als auch eine polytheistische Prägung haben können. Das bedeutet nun, daß es hier um etwas rein Menschliches geht. Wir freuen uns ja immer noch, wenn die Tage auf einmal wieder länger werden. Das bedeutet aber auch fernerhin, daß die verschiedenen historischen und theologischen Gründe, die von den verschiedenen Religionen für diese Feiern angegeben werden, nicht unbedingt immer den wahren Ursprung der Feste treffen.

Um hier etwas vorzugreifen, sei einmal gesagt, daß die Juden ihr Chanukkahfest im Andenken an die Wiedereinweihung des Tempels in Jerusalem durch Judas Makkabäus im Jahre 165 v. feiern. Die Christen feiern seit dem vierten Jahrhundert den 25. Dezember als das Geburtstagsfest Jesu. Frühe Lehrer der Kirche wußten sogar noch, daß man erst im vierten Jahrhundert dieses Fest vom 6. Januar auf den 25. Dezember verlegte, einen Termin, der im Kult des römischen Sonnengottes *Sol Invictus* eine erhebliche Rolle spielte.[4]

Nehmen wir nun einmal an, daß in einem gewissen Jahr, wie es gar nicht so selten geschieht, das christliche Weihnachtsfest in die jüdische Chanukkahwoche fällt. Es ergeben sich dabei allerlei bemerkenswerte Parallelen. Der Jude zündet am Abend die Chanukkahlichter an, der Christ zündet am Abend die Lichter auf seinem Weihnachtsbaum an. In beiden Häusern werden die Kinder beschenkt. Der Jude singt die „*Hallel*-Psalmen", und jedenfalls in der angelsächsischen Welt ist Händels Halleluja-Chorus *de rigueur* als Weihnachtsmusik. Im jüdischen Haus wird Chanukkah, im christlichen Haus Weihnachten als Familienfest gefeiert. Natürlich kommt die Frage auf: Wer hat von wem geborgt?

Da kann zunächst einmal behauptet werden, daß die große Rolle, die Chanukkah im heutigen jüdischen Leben spielt, teilweise auf den Einfluß des christlichen Weihnachtsfestes zurückzuführen ist. Denn das ganze Mittelalter hindurch gehörte Chanukkah zu den „Halbfeiertagen" im jüdischen Kalender. Bis auf die halbe Stunde oder so, während der allabendlich die Lichter brannten, und bis auf einige Einschaltungen in der Liturgie wurden die Chanukkahtage absolut als „werktäglich" behandelt. Erst als die Juden der Neuzeit ihre bürgerliche Gleichberechtigung erlangten und in das christliche Gesellschaftsleben eintraten, entwickelte sich das bescheidene Chanukkahfest sozusagen zu einem „jüdischen Weihnachten". Auch das Geschenkegeben am Chanukkahfest ist dem weihnachtlichen Vorbild zu verdanken, denn das Purimfest, nicht das Chanukkahfest war das ursprüngliche jüdische Fest, an dem Geschenke verteilt wurden.

Dagegen kann man natürlich auch anführen, daß das Weihnachtsfest, da es schon am Heiligabend beginnt, ein jüdisches Vorbild nachahmt, denn im Judentum fangen alle Feste am Vorabend an. Man könnte sogar, wenn einem das heilsgeschichtliche Denken Spaß macht, behaupten, daß, wenn es dem Seleukidenkönig Antiochus IV Epiphanes damals, im zweiten vorchristlichen Jahrhundert, geglückt wäre, die jüdische Religion zu vernichten (gesetzt der Fall, daß er das wirklich wollte), zwei Jahrhunderte später die christliche Tochterreligion nicht aus dem Judentum hätte entstehen können. Ja, man mag auch hinzufügen, daß das Chanukkahfest Jesus selbst wichtig genug erschien, um an diesem Fest den Tempel in Jerusalem aufzusuchen.[5]

Jedoch weiß man, daß es sich, bei aller gegenseitigen Abhängigkeit, um zwei verschiedene Feiertage handelt. Der

Jude denkt an den Tempel in Jerusalem zurück, der Christ an den Stall in Bethlehem – zwei Orte übrigens, die nur acht Kilometer voneinander entfernt sind. Der Jude feiert eine Episode in der jüdischen Vergangenheit, der Christ den Anfang eines neuen Äons. Oder? Feiert man vielleicht doch dasselbe Fest, das Adam schon eingesetzt und dem wahren Gotte geweiht hatte? Vielleicht sind die jüdischen und die christlichen Motivierungen nur *zusätzliche* Gründe, die das dahinterliegende, gemeinsame Naturfest zum Träger differenzierter Glaubenswahrheiten machen. Die Frage soll zum Nachdenken anregen. Beantwortet braucht sie hier nicht zu werden.

Es geht hier nämlich um das Chanukkahfest. *Chanukkah* ist das hebräische Wort für „Einweihung". Eingeweiht, oder wiedereingeweiht, wurde der Tempel in Jerusalem im Jahre 165 v., drei Jahre nachdem er durch die Aufstellung von Götzenbildern und die Opferung von „unreinen" Tieren entweiht wurde. Die geschichtlichen Begebenheiten sind in den zwei Büchern der Makkabäer nachzulesen. Diese Bücher stehen in der katholischen Bibel. Juden und Protestanten betrachten diese Schriften nicht als „kanonisch" und rechnen sie zu den Apokryphen; und bis zum Anfang der Neuzeit werden die Juden diese Bücher noch weniger gelesen haben als die Protestanten. Der Grund dafür wird sich aus der weiteren Darstellung ergeben. Der im ersten Jahrhundert schreibende Flavius Josephus hat uns im 12. Buch seiner „Jüdischen Altertümer" die Geschichte der Zeit, in der das Chanukkahfest entstanden ist, ausgiebig erzählt. Was neuere Geschichtsschreibung betrifft, sei auf die jüngst erschienenen Darstellungen von Johann Maier[6] und von Peter Schäfer[7] hingewiesen. Auch „Die Makkabäer" von Elias Bickermann[8] enthält Anregungen, die immer noch wertvoll sind.

Wir werden auf den geschichtlichen Hintergrund des Chanukkahfestes zurückkommen. Hier soll nur kurz bemerkt werden, daß sich die Juden, die zwischen dem zweiten und dem achtzehnten Jahrhundert das Chanukkahfest gefeiert haben, kaum, wenn überhaupt, des geschichtlichen Hintergrunds dieses Festes bewußt waren. Es soll daher zunächst einmal beschrieben werden, wie – bis zum Anfang der Neuzeit – das Chanukkahfest von Juden gefeiert wurde. Daß es sich dabei um ein kleines Fest, einen „Halbfeiertag" gehandelt hat, wurde bereits erwähnt. Aber sogar die Bezeichnung „Halbfeiertag" könnte auf ein größeres Feiern schließen lassen, als es am Chanukkah der Fall war.

Hauptsächlich ging es hier um das Anzünden von Lichtern acht Tage lang nach Sonnenuntergang, wobei es zuerst Öllampen waren, die gebraucht wurden, und erst nach dem allgemeinen Aufkommen von Wachskerzen auch Kerzen zu diesem Zweck verwendet wurden. Von einigen Juden wird bis zum heutigen Tag die Verwendung von Öl vorgezogen. So charakteristisch wie auch der achtarmige Leuchter, die *menorah,* für das Chanukkahfest geworden ist, so ist doch festzustellen, daß diese Form der Chanukkahlampe erst ein ziemlich spätes Entwicklungsstadium darstellt.[9] Ehe diese Form im Mittelalter, zunächst für die Verwendung in der Synagoge, aufkam, und auch noch später, benutzte man eine Lampe in Form einer Bank, auf der acht kleine Öllampen aufgestellt waren. Aber selbst der Brauch, daß acht Lichter angezündet werden, ist Endstadium einer Entwicklung, die sogar im dritten christlichen Jahrhundert noch nicht abgeschlossen war. Denn damals gab es Meinungsunterschiede zwischen den Schulen Hillels und Schammais, während doch das Chanukkahfest als solches bereits im zweiten vorchristlichen Jahrhundert entstanden war. Wir lassen den Talmud hier für sich selbst reden:

> Es lehrten unsere Meister:
> Das Gebot des Chanukkahlichts ist so zu erfüllen, daß jeder ein Licht für sich und seinen Haushalt anzündet. Diejenigen, die die Erfüllung der Gebote schöner gestalten wollen, zünden ein Licht für jedes einzelne Familienmitglied an. Diejenigen aber, die die Erfüllung der Gebote am schönsten gestalten wollen,

zünden nach der Meinung der Schule Schammais am ersten Tag acht Lichter und je ein Licht weniger an jedem der folgenden Tage an. Nach der Meinung der Schule Hillels zünden sie am ersten Tag ein Licht und je ein zusätzliches Licht an jedem der folgenden Tage an.[10]

Der Grund für den Meinungsunterschied wird vom Talmud darin gesehen, daß sich für die Schule Schammais das Lichtanzünden am Chanukkah nach den Opfern der Stiere richtet, die am Laubhüttenfest dargebracht wurden.[11] Es wurden nämlich am ersten Tag des Laubhüttenfestes dreizehn Stiere geopfert und, bei täglicher Verringerung der Anzahl, am siebten Tag sieben. Die Bezugnahme auf das Laubhüttenfest ist hier besonders deshalb interessant, weil, obwohl im Talmud davon nichts steht, wir vom 2. Makkabäerbuch erfahren, daß das Laubhüttenfest den Hasmonäern für die Einsetzung des Chanukkahfestes als Modell gedient haben soll.[12] Dagegen wird von der Meinung der Schule Hillels behauptet, daß sie sich auf das Prinzip: „In heiligen Dingen geht man höher, nicht niedriger" gestützt hat.[13]

Das, was im Talmud noch als Brauch derjenigen, die die Erfüllung der Gebote am schönsten gestalten wollen, bezeichnet wurde, ist dann *allgemeiner* Brauch geworden, und zwar so, wie die Schule Hillels ihn beschrieben hat, d. h., es wird am ersten Tag ein Licht angezündet, am zweiten Tag zwei usw. Vor dem Lichtanzünden werden zwei Segenssprüche *(berakhoth)* gesprochen: für das Gebot, die Chanukkahlichter anzuzünden, und für die Wunder, „die Gott für unsere Väter getan hat, in jenen Tagen, zu dieser Zeit". Beim ersten Licht gesellt sich dann noch ein dritter Segensspruch hinzu, der Gott dafür dankt, daß „Er uns am Leben erhalten und bewahrt hat und uns diese Zeit erreichen ließ". Im frühen nachtalmudischen Zeitalter kam noch ein weiterer Spruch dazu, der beim Lichteranzünden gesprochen wird: „Wir zünden diese Lichter wegen der Wunder,

der Siege und der mächtigen Taten an, die Du für unsere Väter durch Deine heiligen Priester vollbracht hast ..."[14]

Nach dem Lichteranzünden singen die Juden, die nach dem spanisch-portugiesischen Ritus beten, den 30. Psalm, der wegen seiner Überschrift: „Ein Psalm, ein Lied zur Tempelweihe", in der Tradition als Chanukkahpsalm par excellence gilt. Die deutschen und polnischen Juden singen statt dessen ein Lied, *Ma'os Zur,* das von einem unbekannten Verfasser aus dem 12. oder 13. Jahrhundert stammt. In diesem Lied werden die Befreiungen aus der ägyptischen Sklaverei, aus dem babylonischen Exil und aus der Bedrohung Hamans wie auch das „Ölwunder" zur Zeit der Hasmonäer besungen.[15]

Im täglichen Hauptgebet und auch im Tischgebet wird ein Gebet eingeschaltet, in dem Gott für die Wunder und Siege gedankt wird, die Er den Vätern erwiesen hat, und in dem ganz kurz davon die Rede ist, daß Gott „die Starken in die Hand der Schwachen" gab, „Frevler in die Hand der Frommen", und auch davon, daß damals die acht Tage des Weihefestes eingesetzt wurden.[16] Ferner werden während des Chanukkahfestes täglich die Psalmen 113–118, die sogenannten „*Hallel*-Psalmen", gesungen. Auch findet in der Synagoge eine tägliche Vorlesung aus der Torah statt, nämlich Numeri 7,1 – 8,4, über die acht Tage des Chanukkahfestes verteilt. Diese Perikope berichtet über die Einweihung der Stiftshütte in der Wüste, die einzige „Tempeleinweihung", von der im Pentateuch erzählt werden kann.

Damit ist das Liturgische, die „Feier" des Chanukkahfestes im positiven Sinne erschöpft. Negativ heißt es, daß am Chanukkahfest kein freiwilliges Fasten und keine Trauerreden erlaubt sind und daß die gewöhnlichen Bußgebete beim täglichen Gottesdienst nicht gesprochen werden. Ein Arbeitsverbot besteht nur in der halben Stunde, während der abends die Lichter brennen.

Dieses geringe Arbeitsverbot hat seinerseits dazu geführt, daß man im Mittelalter allerlei Spiele erfunden hat, um sich während des Brennens der Lichter die Zeit zu vertreiben. Eins hat sich bis auf den heutigen Tag erhalten und gilt als beliebtester Chanukkahzeitvertreib. Es ist das Trendelspiel. Der Trendel ist ein Würfel, durch den eine Achse geht und der statt Augen hebräische Buchstaben hat. Man spinnt den Trendel, und wenn er zur Ruhe kommt, deutet der Buchstabe, der obenauf zu liegen kommt, entweder Gewinn oder Verlust an. Es wird mit Nüssen oder mit Pfennigen gespielt. Die Buchstaben sind N, G, H und S, die im Spiel bedeuten: „Nichts", „Ganz", „Halb" und „Setz ein!" Um aber dieses uralte Glücksspiel mit dem Chanukkahfest in Verbindung zu bringen, kann man die Buchstaben auch als Anfangsbuchstaben des folgenden hebräischen Satzes lesen: *Ness Gadol Hajah Scham*, „Ein großes Wunder geschah dort."

Es gibt auch Speisen, die mit dem Chanukkahfest verbunden sind. Aber es geht hier um Lokalbräuche, die sich im Gesamtjudentum nicht verbreitet haben. So essen die polnischen Juden, z. B., am Chanukkahfest gerne Kartoffelpuffer, die sie „Latkes" nennen. Im Staat Israel hat es sich eingebürgert, am Chanukkahfest Pfannkuchen (nach Berliner Art), *sufganijoth* genannt, zu essen, während *das* Chanukkahgebäck, dessen sich der Schreiber dieser Zeilen aus seiner Berliner Kindheit erinnert, natürlich aus Nürnberger Lebkuchen, Pfeffernüssen und Dominosteinen bestand.

Wir haben behauptet, daß, bis zum Anfang der Neuzeit, die Juden sehr wenig über das Chanukkahfest, das sie feierten, wußten, da die Makkabäerbücher und die Schriften des Flavius Josephus, von der christlichen Kirche tradiert, nicht zu ihrer Lektüre gehörten. Was also *war* das Wunder, von dem die Liturgie sprach? Und warum wurde dieser „Halbfeiertag" mit Lichteranzünden gefeiert? Es soll der Talmud hier selbst zu Worte kommen:

> Was bedeutet Chanukkah?
> Es lehrten unsere Meister:
> Am 25. Kislew fangen die Chanukkahtage an, d. h. acht Tage, an denen keine Trauerreden und kein Fa-

> sten stattfinden dürfen. Als nämlich die Griechen (hier in der Bedeutung von hellenisierten Syrern) in den Tempel eindrangen, verunreinigten sie alles Öl, das dort war. Als nun die Dynastie der Hasmonäer sie (die „Griechen") besiegte, da suchten sie (die Hasmonäer) reines Öl (für den siebenarmigen Tempelleuchter), fanden aber nur ein einziges Fläschchen Öl dort, das mit dem Siegel des Hohenpriesters versehen war. Es enthielt genügend Öl für nur einen einzigen Tag. Jedoch ein Wunder geschah, und sie konnten damit (den Tempelleuchter) acht Tage lang anzünden. Im folgenden Jahr bestimmten sie diese acht Tage als einen Feiertag zum Singen der „*Hallel*-Psalmen" (Psalmen 113–118) und Dankgebeten.[17]

Aber auch noch eine andere, nicht ganz so „wunderbare" Erklärung ist der rabbinischen Literatur bekannt:

> In den Tagen der griechischen Herrschaft drangen die Hasmonäer in den Tempel ein. Sie hatten acht eiserne Spieße in ihren Händen. Diese überzogen sie mit Holz und zündeten an ihnen Lichter an. Das taten sie acht Tage lang.[18]

Es sieht beinahe so aus, als ob die hier zitierten Rabbinen weit mehr über den Grund für das Lichteranzünden am Chanukkahfest wissen als der früher lebende – und den Ereignissen näherstehende – Flavius Josephus. Josephus weiß allerdings über die Zeitgeschichte besser Bescheid als die später lebenden Rabbinen, ist aber doch etwas verlegen, wenn es dazu kommt, den Namen des Feiertages zu erklären. Während nämlich das Neue Testament den Feiertag, ganz im Einklang mit der jüdischen Tradition, „Tempelweihfest" nennt,[19] gibt Josephus ihm den griechischen Namen „*Phota*" (= Lichter) und erzählt, daß der Feiertag durch Lichteranzünden gefeiert wird. Aber den Grund dafür kann er nur *raten:*

> Ich nehme an, daß der Grund dafür die Freiheit war, die uns jetzt weit über unsere Hoffnungen hinaus erschien, und daß der Name deshalb diesem Fest gegeben wurde.[20]

Josephus sieht daher im Licht das Symbol der Freiheit, und die Kämpfe, die der Einsetzung des Chanukkahfestes vorausgegangen sind, waren Freiheitskämpfe des jüdischen Volkes – was sie ja auch für die Verfasser der Makkabäerbücher waren. Dagegen treten bei den Rabbinen diese Freiheitskämpfe in den Hintergrund, die Reinigung und Wiedereinweihung des Tempels werden betont, und das Wunder, das mit dem Öl geschah, wurde gefeiert.

Eine dritte Perspektive ist die der modernen Geschichtsschreibung. Diese weiß, daß nach dem Tode Alexanders des Großen, der die persische Provinz Juda in sein Reich einverleibt hatte, die seleukidischen und ptolemäischen Nachfolgerreiche, nördlich und südlich von Juda gelegen, um die Herrschaft über Juda stritten und daß es innerhalb der Provinz Juda sowohl seleukidenfreundliche als auch ptolemäerfreundliche Parteien gab. Auf diese Weise wurde die Bevölkerung von Juda in die politischen und zugleich in die kulturellen, geistigen und religiösen Strömungen der Zeit verstrickt. So kam es dann zu einer mit dem Hellenismus sympathisierenden jüdischen Priesterschaft, zu innerjüdischen Streitereien über den Grad der Anpassung an die allgemeine hellenistische Kultur, den man sich erlauben konnte, ohne damit seine jüdisch-religiöse Bindung zu verleugnen, und zu synkretistischen Neuerungen im Kult. Das waren zunächst, wie gesagt, innerjüdische Streitereien. Als aber der Seleukidenkönig Antiochus IV Epiphanes (175–164 v.) mit seinen Armeen die Partei der radikalen Hellenisten unterstützte und in Juda gewaltsam die Hellenisierung durchführen wollte, da bildete sich unter den Altfrommen eine bewaffnete Opposition, die dann von Angehörigen der Priesterfamilie der Hasmonäer angeführt wurde. Es gelang ihnen, einzelne Siege gegen das seleukidisch-syrische Heer davonzutragen und auch den besetzten Tempel in Jerusalem zu erobern, von den Spuren des inzwischen eingeführten hellenistisch-synkretistischen Kults zu befreien und als rein monotheistisches Heiligtum wieder einzuweihen. Letzteres geschah am 25. Kislew im Jahre 165 v., also etwa zweieinhalb Monate nach dem Laubhüttenfest, das sie damals natürlich noch nicht im Tempel feiern konnten. Daher bemühten sie sich, in dem neu eingesetzten Tempelweihfest einiges von der Observanz des Laubhüttenfestes „nachzuholen". So wie das Laubhüttenfest acht Tage dauerte, sollte auch das Tempelweihfest acht Tage dauern. So wie am Laubhüttenfest die Psalmen 113–118 gesungen wurden, sollten sie auch am Chanukkahfest gesungen werden. So wie das Laubhüttenfest ein fröhliches Fest war, sollte auch das Chanukkahfest ein fröhliches Fest sein.

Aber mit der Wiedereinweihung des Tempels hatten die Hasmonäer noch nicht über das Seleukidenreich gesiegt, obwohl sich die Partei der Frommen, der es nur um die Freiheit zur Ausübung ihrer Religion ging, damals von weiteren militärischen Aktionen zurückzog. Die Hasmonäer kämpften weiter. Judas Makkabäus, der die Führerschaft nach dem Tode seines Vaters Mattatias übernommen hatte, fiel in einer späteren Schlacht. Als sich dann später die Syrer zurückzogen, hatte das vielleicht weniger mit ihren Verlusten an die Hasmonäer zu tun als mit ihrer Ohnmacht anderen politischen Mächten gegenüber, die sich damals im Nahen Osten bemerkbar machten. Jedenfalls gelang es den späteren Hasmonäern, durch Eroberungen von Nachbargebieten sich ein ansehnliches Reich zu schaffen und als ebenbürtige Macht mit anderen hellenistischen Kleinstaaten in der Politik des Nahen Ostens eine Rolle zu spielen – bis dann schließlich, etwa ein Jahrhundert später, die Römer diesem Spiel ein Ende machten.

Ja, die Hasmonäer schufen sich einen *hellenistischen* Staat. Sie nahmen auch griechische Namen an. Die Ideologie, die einst zum Aufstand gegen Antiochus Epiphanes geführt hatte, scheint sich im Laufe der Jahre ziemlich geändert zu haben. Dazu kommt, daß die hasmonäischen Herrscher darauf bestanden, zur gleichen Zeit Könige und Hohepriester zu sein. Das rief Widerstand unter den traditionstreuen Juden hervor. Denn die Königsherrschaft über Juda stand doch nach biblischer Lehre nur den Nachkommen Davids zu; und das waren die Hasmonäer nicht. Sie gehörten noch nicht einmal den höheren Schichten der Priesterschaft an, aus denen man in der Vergangenheit die Hohenpriester gewählt hatte. Einige hasmonäische Priester-Könige hielten sogar zur Religionspartei der Sadduzäer, während sich die Nachkommen der Frommen um die Pharisäer scharten – aus deren Kreisen dann auch die ersten Rabbinen hervorgingen, in deren Schulen dann später die rabbinische Literatur entstand.

Es fiel diesen späteren Rabbinen nicht leicht, die Hasmonäer zu feiern, von denen ihre Vorgänger verfolgt wurden; denn zu Verfolgungen der Pharisäer ist es bei einigen Hasmonäern auch gekommen. Überhaupt war ihnen die Art, in der die Hasmonäer Politik betrieben, fremd. Verständlich wäre es schon gewesen, wenn die Rabbinen das „Makkabäerfest" ganz und gar der Vergessenheit preisgegeben hätten. Aber vielleicht konnten sie das nicht mehr. Winterfeste, die der erste Mensch selbst schon eingesetzt haben soll, lassen sich so einfach nicht beiseite schieben. Man kann nur die Begründung und die Motivation etwas abändern, aber nicht die Feste selbst abschaffen. Und das geschah in der rabbinischen Literatur und in der jüdischen Liturgie.

Die späteren Rabbinen wußten nur noch von den „Griechen", die die Juden Palästinas gewaltsam von der Torah abbringen wollten, und von der Hasmonäerfamilie, in deren Hand Gott die Frevler gab. Sie wußten von der Reinigung und Wiedereinweihung des Tempels, die zur Einsetzung des Chanukkahfestes führten. Den Grund des Brauches, acht Tage lang Lichter anzuzünden, sahen sie entweder in dem „Wunder mit dem Öl" oder in den „Lichtern auf den acht Spießen". In ihren Predigten zum Chanukkahfest behandelten sie die Wichtigkeit der Stiftshütte in der Wüste und des Salomonischen Tempels in Jerusalem.[21] Es war ja auch die Perikope über die Einweihung der Stiftshütte, die von ihnen als Torahvorlesung für Chanukkah bestimmt wurde. Und als Prophetenlesung für den Sabbat der Chanukkahwoche wählten sie Sacharja 2,14 – 4,7, eine Perikope, die den Leuchter im Jerusalemer Tempel als Symbol für den folgenden Gedanken erklärt: „Nicht durch Macht, nicht durch Kraft, allein durch Meinen Geist! – spricht der Herr der Heerscharen."[22] Damit wurde natürlich den hasmonäischen Siegen ein Stellenwert zugewiesen, der sich erheblich von der Feier dieser Siege in den Makkabäerbüchern unterschied. Diese Makkabäerbücher überließ man der christlichen Kirche, die dann auch am 1. August alljährlich das Fest der Heiligen Makkabäer feierte. In der rabbinischen Literatur kommt der Name von Judas Makkabäus nicht vor. Soweit man sich innerhalb des rabbinischen Judentums der geschichtlichen Begebenheiten, die zum Chanukkahfest führten, bewußt war, galt als „Held" dieser Begebenheiten der Herrgott selbst, „der unseren Vätern Wunder erwiesen hat in jenen Tagen, zu dieser Zeit".

In diesem Geist wurde dann das Chanukkahfest durch die Jahrhunderte von den Juden gefeiert. Das änderte sich mit dem Anbruch der Neuzeit. Das der Eintritt der Juden in die christlich bestimmte bürgerliche Gesellschaft des Westens es mit sich brachte, daß man jüdischerseits jetzt mehr Notiz als vorher vom Weihnachtsfest nahm, wurde bereits erwähnt. Das führte auch dazu, daß man in gewissen jüdischen Kreisen das Chanukkahfest etwas „weihnachtlicher" gestaltete; das schloß selbst einige Kreise der jüdischen Orthodoxie in Deutschland nicht aus.

Aber im Zeitalter des Rationalismus tat man sich schwer, an Wundergeschichten zu glauben, besonders im Reformjudentum. Das Chanukkahfest brauchte nun mehr als das „Ölwunder", um sich in dem neuen Zeitalter zu behaupten. Jedoch da, wo man geneigt war, Wundergeschichten zu bezweifeln, scheute man sich auch nicht mehr, die Bücher der

Apokryphen zu lesen. Fast symbolisch ist die Erscheinung von Seckel Isaak Fränkel (1765–1835). Er war einer der beiden Herausgeber des ersten Gebetbuches, das für eine auf reformiert-jüdischer Basis gegründete Gemeinde verfaßt wurde, nämlich des Hamburger Tempelgebetbuches vom Jahre 1819. Er war aber auch der Verfasser einer hebräischen Übersetzung des griechischen Originals der Apokryphen. Reformierte Juden fanden in den „Befreiungskriegen" der Hasmonäer, wie sie in den Makkabäerbüchern beschrieben sind, eine solidere Grundlage für das Chanukkahfest als in der rabbinischen Wundergeschichte von dem Öl. Schon die erste Ausgabe des reformierten jüdischen Gebetbuches in den Vereinigten Staaten, das 1895 erschien, enthielt einen Auszug aus 1 Makkabäer in englischer Übersetzung für den Sabbat der Chanukkahwoche,[23] und so ist es auch in den folgenden Ausgaben geblieben. Diesem Beispiel folgte im Jahre 1946 sogar das konservativ-jüdische Gebetbuch in den Vereinigten Staaten.[24]

Auch eine damals dem Reformjudentum ganz entgegengesetzte jüdische Richtung, der Zionismus, trug dazu bei, aus dem rabbinischen „Halbfeiertag" Chanukkah einen der wichtigsten Feiertage des jüdischen Jahres, das „Makkabäerfest", zu machen. Der Zionismus, der „für das jüdische Volk die Schaffung einer öffentlich-rechtlichen Heimstätte in Palästina" erstrebte, sah sich zunächst einmal dazu genötigt, aus den verstreuten jüdischen Kultusgemeinden ideologisch und praktisch ein „Volk" zu machen. Für den Mythos wurden völkische Helden in der Vergangenheit dringend gebraucht. Da dachte man an die Makkabäer. Worauf das schließlich hinauslief, zeigt sich in einem israelischen Chanukkahlied, das auch außerhalb des Staates Israel in zionistischen Kreisen gesungen wird:

> Wer kann künden die mächtigen Taten Israels?
> Wer kann sie zählen?
> Siehe: in jedem Geschlecht steht ein Held auf,
> ein Befreier des Volkes!

Höre: in jenen Tagen, um diese Zeit –
Makkabäus, Helfer und Erlöser.
Und in unseren Tagen: das ganze Volk Israel
vereint sich, erhebt sich und erlöst sich selbst![25]

Die Tendenz dieses Liedes zeigt sich schon in der allerersten Zeile. Sie ist eine gezielte Parodie von Psalm 106,2, wo es heißt: „Wer kann künden die mächtigen Taten des *Herrn*?" Und der Rest des Liedes ist dann ein völliges Auf-den-Kopf-Stellen von dem, was das Chanukkahfest mindestens achtzehn Jahrhunderte lang der Judenheit bedeutet hat. Würden sich die Hasmonäer selbst in diesem Lied wiederfinden? Vielleicht – aber eher die späteren als die früheren. Würden die talmudischen Rabbinen in diesem Lied ihr Chanukkahfest erkennen? Wahrscheinlich nicht.

Wenn also ein Jude in unserem Jahrhundert die Chanukkahlichter anzündet, kann der Außenstehende noch gar nicht wissen, was für ein Fest hier eigentlich gefeiert wird. Denn dieselbe Zeremonie kann total verschiedenen Ideologien Ausdruck verleihen. Was sie alle gemein haben, ist die Jahreszeit und das Licht. So viel haben aber auch das jüdische Chanukkah und das christliche Weihnachten gemeinsam. Die Wintersonnenwende zeitigt das Lichterfest; und das Licht spricht von der Freiheit, von der Offenbarung, von der Erlösung und von der Gegenwärtigkeit Gottes.

Ein gewisser Nichtjude fragte Rabbi Josua: „Ihr habt Feiertage, und wir haben Feiertage. Wenn ihr euch freut, freuen wir uns nicht; und wenn wir uns freuen, freut ihr euch nicht. Wann freuen wir uns denn zusammen?" Rabbi Josua antwortete: „Wenn der Regen fällt."[26]

Er hätte hinzufügen können: „Und auch zur Zeit der Wintersonnenwende, wenn die Tage länger werden, die Lichter ihren Glanz in unseren Häusern ausstrahlen und neue Hoffnung das Herz der Menschen beseelt."

# IX

# Kosmos, Geschichte und Geist

Wir haben in der Einleitung zu diesem Buch Rabbiner Samson Raphael Hirsch (1808–1888), den Begründer der jüdischen Neuorthodoxie, zitiert. Hirsch hatte behauptet, daß des Juden Katechismus sein Kalender sei. Wir wollen uns hier am Ende des Buches nochmals an diese Behauptung erinnern. Wenn man an die Hauptthemen eines jüdischen Katechismus denkt – und, *pace* Hirsch, es hat im neunzehnten Jahrhundert eine ganze Anzahl davon gegeben–[1] und sich die Feiertage des jüdischen Jahres vor Augen hält, dann merkt man, daß es wohl kein einem jüdischen Katechismus zugehöriges Thema gibt, das nicht in dem einen oder anderen jüdischen Feiertag seinen Ausdruck findet.

Gott? Alle Feiertage reden ja von Ihm! Mensch? Es ist der Mensch, der die Feste feiert; und es ist der Mensch als Mensch, der besonders von den Hohen Feiertagen, d. h. von dem Neujahrstag und dem Versöhnungstag, angesprochen wird. Welt? Es ist die Welt, deren Geburtstag am Neujahrsfest gefeiert wird. Es ist die Welt, in der Gott dem Menschen Seine Schöpferkraft beweist – die Welt, deren naturmäßige Ordnung es dem Menschen möglich macht, Frühlingsfest (Pessach), Sommerfest (Wochenfest), Herbstfest (Laubhüttenfest) und Winterfest (Chanukkah) fröhlich zu begehen und Gott für Seine Güte zu danken und Seinen Segen zu erflehen.

Offenbarung? Der Gott, der sich in der Natur als Schöpfer offenbart, offenbart sich dem Menschen auch in Lehre und Gesetz, in der Torah. Das wird am Wochenfest gefeiert. Aber der Mensch ist als freies Wesen geschaffen worden. Er kann, wenn er will, Gottes Offenbarung ablehnen.

Gottes Gabe der Torah wirkt sich nur dann aus, wenn der Mensch diese Gabe annimmt. Das Torahfreudenfest lehrt, daß Israel diese Gabe Gottes mit Freuden entgegennimmt. Es ist kein in der offenbarten Torah selbst angeordnetes Fest. Israel hat es aus freien Stücken geschaffen, um seine Dankbarkeit für die Torah auszudrücken.

Sünde? Davon spricht der Versöhnungstag, und davon sprechen die ihm vorangehenden Bußtage, die mit dem Neujahrsfest anfangen. Sie sprechen von der Sünde, und sie zwingen den Menschen, in sich selbst zu schauen, sich so zu betrachten, wie Gott ihn betrachtet. Aber sie sprechen auch von Sühne und Versöhnung, von dem barmherzigen Gott, der immer bereit ist, den reuigen Sünder in Liebe wieder aufzunehmen.

Die Nächstenliebe? Bei den freudigen Festen heißt es, daß der Arme und die Witwe, die Waise und der Fremdling mitfeiern sollen. Beim Purimfest wird verlangt, daß man den Armen Geschenke schickt. Am Versöhnungstag wird betont, daß Gott einem die Sünden gegen den Mitmenschen nur dann vergibt, wenn man sich zuerst mit dem Mitmenschen wieder versöhnt hat. Beim Pessachfest erinnert man sich daran, daß man selbst im Elend und in der Sklaverei angefangen hat; und man spricht zu Beginn der Sederfeier: „Jeder, der hungrig ist, komme herein und esse! Jeder, der in Not ist, komme und feiere das Pessachfest mit uns!"

Erlösung? Das Pessachfest weckt die Erinnerung an eine Erlösung in der Vergangenheit und hält die Hoffnung wach, daß es eine zukünftige Erlösung geben wird. Auch das Laubhüttenfest ist messianisch ausgerichtet. Es träumt von einer Zukunft, in der eine vereinte Menschheit das Laubhüttenfest feiern wird, wie ja auch das Neujahrsfest um eine Zukunft betet, in der alle Menschen „ein Bund werden, Gottes Willen zu tun mit ungeteiltem Herzen". Zwar wird im Judentum, wenn man es mit dem Christentum vergleicht, die Erlösung aus irdischer, physischer Drangsal vielleicht etwas mehr betont, aber die rein geistige Erlösung ist auch dem Judentum nicht unbekannt. „Israel soll auf den Herrn harren", so heißt es im 130. Psalm. „Denn beim Herrn ist die Huld, bei Ihm ist Erlösung in Fülle. Ja, Er wird Israel erlösen von all seinen Sünden."[2] Sogar das Pessachfest wurde von dem babylonischen Talmudlehrer Rabh im dritten Jahrhundert n. als Fest der „Erlösung vom Götzendienst" aufgefaßt.[3] Die Tradition hat dann entschieden, Rabhs Auffassung neben der gewöhnlicheren Bedeutung des Pessachfestes als Erinnerung an die Befreiung aus der körperlichen Sklaverei anzuführen. Aber selbst diejenigen, die im Pessachfest „nur" die Befreiung aus der Sklaverei feiern, wissen, daß sieben Wochen später das Offenbarungsfest folgt, das den eigentlichen „Zweck" der Befreiung in Erinnerung ruft.

Unsterblichkeit? Wenn am Pessachfest um Tau, und am Laubhüttenfest um Regen gebetet wird, dann werden diese Gebete an jener Stelle der jüdischen Liturgie gesprochen, die Gottes Allmacht, wie sie sich in der Auferstehung der Toten zeigen wird, preist. Wie Tau und Regen das „tote" Samenkorn zu neuem Leben erwecken, so wird Gott auch einst die toten Körper zu einem neuen Leben auferstehen lassen. (Im liberalen Judentum wird statt der körperlichen Auferstehung die Unsterblichkeit der Seele betont. Aber schon der Glaube an die Auferstehung setzt eine gewisse Lehre von der Unsterblichkeit der Seele voraus.) Und am Versöhnungstag (und im sogenannten polnischen Ritus auch an den drei Wallfahrtsfesten) wird nach der Vorlesung aus dem Pentateuch und den Propheten der Dahingeschiedenen gedacht und um ihr Seelenheil gebetet.

Der Jude also, der die jüdischen Feste richtig feiert und sich in die dazugehörige Liturgie vertieft, kann sich über den Glaubensinhalt des Judentums auch ohne einen Katechismus informieren. Besser ausgedrückt: der Feiertagskalender des Judentums ist sozusagen ein dramatisierter Katechismus. Vielleicht wurde ein gedruckter jüdischer Katechismus erst dann eine Notwendigkeit, als man die Feiertage nicht mehr so richtig feierte. Religionspädagogisch hat allerdings das Feiern der Feste vor dem gedruckten Katechismus immer noch seine erheblichen Vorzüge. Damit hat Samson Raphael Hirsch recht behalten.

Man kann, wenn man will, die jüdischen Feiertage in drei verschiedene Zyklen einteilen. Es gibt zunächst den kosmischen Zyklus, der die Naturfeste enthält. Selbst der wöchentliche Sabbat gehört dazu, denn er soll ja auch als Schöpfungsfest gelten.[4] Daneben ist natürlich das Neujahrsfest, als „Geburtstag der Welt" gefeiert, das alljährliche Schöpfungsfest. Auch der allmonatliche Neumondstag erinnert an die Schöpfung und weist, vom Beispiel des Mondes dazu veranlaßt, auf die Möglichkeit einer *Neu*schöpfung hin. Dann können die Feste, die die verschiedenen Jahreszeiten in der Natur feiern, aufgezählt werden: Das Pessachfest, das Wochenfest, das Laubhüttenfest und das Chanukkahfest. All diese Feste mögen ihre Anfänge in Naturfesten gehabt haben.

Ein zweiter Zyklus ist der Zyklus der historischen Feste, d.h. der Feiertage, die Geschehnisse in der jüdischen Geschichte in Erinnerung bringen. Auch hier gehört der wöchentliche Sabbat mit dazu, denn er soll ja an den Auszug aus Ägypten erinnern.[5] Das Pessachfest als alljährliches Befreiungsfest, das Wochenfest als Fest, das die Offenbarung am Berge Sinai feiert, und das Laubhüttenfest, dessen Laubhütten an die Zelte der Israeliten während ihrer Wüstenwanderung erinnern sollen, gehören zu diesem Zyklus der historischen Feste. Dazu gesellen sich das Chanukkahfest, das die Erinnerung an das Ende einer Religionsverfolgung feiert, und das Purimfest mit seiner prototypischen Darstellung sowohl der Gefahren, denen das jüdische Leben ausgesetzt ist, als auch der göttlichen Fügung, die zuweilen auch ohne „übernatürliche" Wunder auskommt und Rettung schaffen kann.

Schließlich gibt es den Zyklus der „geistigen" Feiertage, d.h. von ständig wiederkehrenden Gelegenheiten für den Menschen, das Transzendente zu erkennen und sich zu eigen zu machen. Auch hier steht an erster Stelle der allwöchentliche Sabbat, an dem der Mensch sich zwar körperlich ausruhen, geistig aber sich immer weiter fortbilden soll. Die Sabbatruhe selbst gilt als positives göttliches Schöpfungswerk auf geistiger Ebene.[6] Daneben wird der allmonatliche Neumondstag als Zeichen der Sündenvergebung und des geistigen Neuanfangs aufgefaßt. Seit dem 16. Jahrhundert wird sogar der Vortag des Neumondstages von den jüdischen Mystikern als „kleiner Versöhnungstag" begangen. Für weniger mystisch eingestellte Juden genügt der eigentliche Versöhnungstag mit dem vorangehenden Neujahrsfest und den Bußtagen. Diese zehn Tage sind ganz auf das Geistige eingestellt. Die drei Wallfahrtsfeste haben ebenfalls ihre geistige Bedeutung. Das Pessachfest, wie bereits erwähnt, kann auch als Fest der Befreiung vom Götzendienst aufgefaßt werden; und der Götzendienst, d. h., das Nichtgöttliche als Göttliches zu verehren, ist ja nun nicht gerade in der Antike zu seinem Ende gekommen. Das Wochenfest als Offenbarungsfest gehört selbstverständlich zu diesem Zyklus der Feiertage. Selbst das Laubhüttenfest kann eine rein geistige Ebene aufweisen. Einerseits gehört das ernste Buch Kohelet zu seiner Schriftvorlesung. Andererseits hat das Torahfreudenfest, das am Ende des Laubhüttenfestes gefeiert wird, seine eigentliche Bedeutung in der Anerkennung der Tatsache, „daß der Mensch nicht nur von Brot lebt, sondern daß der Mensch von allem lebt, was der Mund des Herrn spricht".[7] Sogar das Chanukkahfest hat seine rein geistige Dimension, jedenfalls in dem Sinn, in dem die alten Rabbinen dieses Fest verstanden, als sie Sacharja 4, 6 als Bestandteil der Schriftvorlesung am Chanukkahsabbat bestimmten: „Nicht durch Macht, nicht durch Kraft, allein durch Meinen Geist! – spricht der Herr der Heerscharen."

Man kann, wie gesagt, die jüdischen Feiertage in drei verschiedene Zyklen einteilen. Jedoch, wenn man sich die Feiertage näher ansieht, sticht sofort ins Auge, daß es an sich keine sauber trennbaren Zyklen hier gibt. Der Zyklus, den wir hier als einen kosmischen beschrieben haben, *könnte* – vielleicht mit Ausnahme des Sabbats – ein rein heidnischer sein. Man braucht nicht an den einen Gott des biblischen Monotheismus zu glauben, um Naturfeste zu feiern. Die nichtjüdischen Völker in der Antike haben das auch ganz gut gekonnt, und selbst die biblischen Naturfeste sind höchstwahrscheinlich nach kanaanitischem und babylonischem Muster gebildet worden.

Aber, wie aus einem Vergleich der Feste in den drei Zyklen ersichtlich ist, überschneiden sich doch diese Zyklen und gehören – bis auf das Purimfest und den Versöhnungstag – alle Feste mehr als einem Zyklus an. Daher gibt es auch – bis auf das Purimfest – keinen Feiertag, der rein historisch ist, und – bis auf den Versöhnungstag – keinen Feiertag, der rein geistig ist. Ein rein historischer Festzyklus ohne Verankerung in den Jahreszeiten einerseits und in der transzendenten Sphäre andererseits wäre im Judentum genauso unmöglich wie ein Zyklus von Naturfesten, der von der Geschichte und dem Göttlichen nichts weiß, und wie ein Zyklus von rein „geistigen" Festen, die um Natur und Geschichte unbekümmert wären.

Es geht hier in der Tat um die „Feiertage des Herrn". Aber von diesen Feiertagen heißt es in der Heiligen Schrift: „Dies sind die Feiertage des Herrn, heilige Versammlungen, die *ihr* zur festgesetzten Zeit ausrufen sollt."[8] Das Wort „ihr" in diesem Zusammenhang bezieht sich auf die Israeliten, auf Menschen also, die von der Natur nicht unabhängig sind und die auch auf geschichtlicher Ebene ihre Existenz haben. Es wäre eine theoretische Möglichkeit, daß Gott Seine eigenen rein geistigen Feste feiert. In dem Augenblick aber, in dem Er Feiertage von *Menschen* gefeiert haben will, gesellt sich zu dem rein Geistigen auch die Natur und die Geschichte. Deshalb überschneiden sich die drei Zyklen.

Man kann das auch anders ausdrücken. Die Natur ist Schöpfung. Das Geistige ist Offenbarung. Und das Geschichtliche, wenn Geschichte eben nicht im griechischen Sinn als die ewige Wiederholung, sondern im biblischen

Sinn als zielbestimmte Fortentwicklung verstanden wird – das Geschichtliche weist auf die Erlösung hin. Franz Rosenzweig (1886–1929) hat bekanntlich in seinem Buch „Der Stern der Erlösung" (1921) auf Schöpfung, Offenbarung und Erlösung als die Beziehungen hingewiesen, in denen Gott zur Welt, Gott zum Menschen und der Mensch zur Welt stehen. Er hat diese Kategorien nicht erfunden. Er fand sie bereits in der biblischen Basis, die Judentum und Christentum gemeinsam ist, und er fand sie auch in der jüdischen Liturgie. Sie sind auch, wie wir jetzt wohl sagen dürfen, der Grund dafür, daß sich bei den jüdischen Feiertagen die drei Zyklen von Kosmos, Geschichte und Geist so vielfach überschneiden. Denn es geht bei diesen Feiertagen um Gott, Welt und Mensch – um Schöpfung, Offenbarung und Erlösung.

# Anmerkungen

*Zur Einleitung*

[1] Samson Raphael Hirsch, *Gesammelte Schriften,* hrsg. von Naphtali Hirsch, Band I. Frankfurt a. M., 1902, S. 1.
[2] Siehe Matthäus 5,17–18; Galater 4,4.
[3] Vgl. Exodus 23,12; Levitikus 23,3.

*Zu Kapitel I: „Der jüdische Kalender“*

[1] Vgl. Deuteronomium 16,1.
[2] P. *Rosch Haschanah* I,2, ed. Krotoschin, p. 56d.
[3] Vgl. z. B. Julian Morgenstern, „The Chanukkah Festival and the Calendar of Ancient Israel, IV“ in: *Hebrew Union College Annual,* Band XXI (1948), S. 365–496.
[4] Levitikus 23,4.
[5] Zum Thema „Zweiter Feiertag“ vgl. Jakob J. Petuchowski, „Second Thoughts about the Second Day“ in: *Conservative Judaism,* Band XXIX, Nr. 2 (1970), S. 48–59.
[6] Vgl. Schemuel Safrai, *Pilgrimage at the Time of the Second Temple* (hebräisch). Tel-Aviv, 1965.
[7] *Mischnah Joma* 1,8.
[8] 2 Könige 4,23.
[9] Amos 8,5.
[10] Jesaja 66,23.

*Zu Kapitel II: „Das Pessachfest“*

[1] Genesis 46,33–34.
[2] Genesis 3,17–19.
[3] 1 Könige 18,21.

[4] Exodus 12,8.
[5] Exodus 12,7, 12–13.
[6] Exodus 12,11.
[7] B. *Pessaḥim* 10,1.
[8] Matthäus 26,26–29 und Parallelen.
[9] Siehe Psalmen 104,15; und 116,13.
[10] *Mischnah Pessaḥim* 10,1.
[11] P. *Pessaḥim* X,1, ed. Krotoschin, p. 37b,c.
[12] Die Quellen bei: Menahem M. Kasher, Hrg., *Haggadah Schelemah* (hebräisch). Jerusalem, [2] A. M. 5721, S. 161–178.
[13] Siehe schon Maleachi 3,23.
[14] *Mekhilta, Pissḥa,* Kap. 14, ed. Horovitz-Rabin, S. 52.
[15] Vgl. Siegfried Stein, „The Influence of Symposia Literature on the Literary Form of the Pesah Haggadah" in: *The Journal of Jewish Studies,* Band VIII (1957), S. 13–44.
[16] Für die deutsche Übersetzung von Teilen des Seders vgl. Jakob J. Petuchowski, *Gottesdienst des Herzens.* Freiburg i. Br., 1981, S. 99–103.
[17] B. *'Arakhin* 10a,b.
[18] Eisik Tyrnau, *Minhagim mikkol haschanah* (hebräisch). Prag, 1706, *minhag schel pessaḥ.*
[19] *Sepher Maharil.* Bené-Berak, A.M. 5719, *seder hahaggadah,* S. 30.
[20] Vgl. Herbert Bronstein, Hrsg., *A Passover Haggadah – The New Union Haggadah.* New York, 1974, S. 49, die offizielle *Haggadah* des amerikanischen Reformjudentums; und Rachel Anne Rabinowicz, Hrg., *Passover Haggadah – The Feast of Freedom.* New York, 1982, S. 58, das offizielle Gegenstück des konservativen Judentums in Amerika.
[21] B. *Sanhedrin* 39b und Parallelen.
[22] So verstanden in Bronstein, *op. cit.,* S. 48, und in Rabinowicz, *op. cit.,* S. 58.
[23] Siehe Joseph Heinemann, *Aggadah and its Development* (hebräisch). Jerusalem, 1974, S. 175–179.
[24] Moses Maimonides, *Moreh Nebhukhim* II, 25.
[25] B. *Berakhoth* 17a.
[26] 1 Kortinther 5,8.

*Zu Kapitel III: „Das Wochenfest"*

[1] Levitikus 23,11.
[2] Levitikus 23,32.
[3] Levitikus 23,15–21.
[4] Rut 1,22.
[5] Levitikus 23,17.
[6] Numeri 28,26.
[7] Deuteronomium 16,11.
[8] *Mischnah Bikkurim* 3,2–4.
[9] *Mischnah Megillah* 3,5.
[10] P. *Megillah* III,7, ed. Krotoschin, p. 74b.
[11] Exodus 19,1.
[12] Apostelgeschichte 2,1–4.
[13] Exodus 19,16–19.
[14] Peter Schäfer, *Die Vorstellung vom Heiligen Geist in der rabbinischen Literatur.* München, 1972, S. 66.
[15] *Exodus Rabbah* 5,9. Vgl. Jakob J. Petuchowski, *Es lehrten unsere Meister.* Freiburg i. Br., 1979, S. 87.
[16] Jubiläen 6,17.
[17] Vgl. I QS 1, 16ff., in: Eduard Lohse, Hrg., *Die Texte aus Qumran.* Darmstadt, 1964, S. 5ff.
[18] Vgl. Millar Burrows, *The Dead Sea Scrolls.* New York, 1955, S. 236.
[19] Vgl. Gershon Ahituv, „*Bikkurim* in Kibbutz Matzuba" in: Philip Goodman, Hrg., *The Shavuot Anthology.* Philadelphia, 1974, S. 175–176.
[20] Theodor H. Gaster, *Festivals of the Jewish Year.* New York, 1953, S. 63.
[21] Vgl. Jakob J. Petuchowski, „Zur rabbinischen Interpretation des Offenbarungsglaubens" in: Jakob J. Petuchowski und Walter Strolz, Hrg., *Offenbarung im jüdischen und christlichen Glaubensverständnis.* Freiburg i. Br., 1981, S. 72–86.
[22] Vgl. Jakob J. Petuchowski, „*Qol Adonai* – A Study in Rabbinic Theology" in: *Zeitschrift für Religions- und Geistesgeschichte,* Band XXIV (1972), S. 13–21.
[23] Gaster, *op. cit.,* S. 77.
[24] *Mischnah Abhoth* 6,2.

*Zu Kapitel IV: „Das Laubhüttenfest“*

[1] Levitikus 23, 40.
[2] Jesaja 1, 8.
[3] Levitikus 23, 42–43.
[4] *Siphra, Emor,* Kap. 16, ed. Weiss, p. 102 c, d.
[5] Übersetzt nach Joseph H. Hertz, Hrg., *A Book of Jewish Thoughts.* London, ²1940, S. 233.
[6] *Pessiqta deRabh Kahana,* Kap. 28, ed. S. Buber, p. 185 a.
[7] *Mischnah Rosch Haschanah* 1, 2.
[8] Vgl. *Mischnah Sukkah* 4, 5. Dazu: Jakob J. Petuchowski, „'Hoshi'a na' in Psalm CXVIII, 25 – A Prayer for Rain“ in: *Vetus Testamentum* V (1955), S. 266–271.
[9] Vgl. *Mischnah Sukkah* 4, 9, und Flavius Josephus, *Jüdische Altertümer* XIII, III, 5.
[10] *Mischnah Sukkah* 5, 1.
[11] *Tossephta Sukkah* 4, 2, ed. Lieberman, S. 272.
[12] *Tossephta Sukkah* 4, 4, ed. Lieberman, S. 272.
[13] *Tossephta Sukkah* 4, 5, ed. Lieberman, S. 273.
[14] *Tossephta Sukkah* 4, 1, ed. Lieberman, S. 272.
[15] Vgl. J. D. Eisenstein, Hrg., *Ozar Dinim u-Minhagim.* New York, 1917, S. 320, s. v. *'Esrath Naschim.*
[16] Sacharja 14, 16.
[17] Sacharja 14, 17.
[18] Sacharja 14, 9.
[19] *Pessiqta deRabh Kahana,* Kap. 30, ed. S. Buber, p. 193 b–194 a.
[20] Johannes 7, 1–24.
[21] Matthäus 17, 1–9; Markus 9, 2–10; Lukas 9, 28–36.
[22] Matthäus 17, 4; Markus 9, 5; Lukas 9, 3.
[23] Harald Riesenfeld, *Jésus Transfiguré.* Kopenhagen, 1947, S. 256 ff. und *passim.* Wer sich über die wundersamen „Gäste“ bei der Verklärung weitere Gedanken machen möchte, mag in Erwägung ziehen, daß man in jüdisch-mystischen Kreisen sich an jedem Tag des Laubhüttenfestes einen neuen unsichtbaren „Gast“ in die Laubhütte einlädt, und zwar in dieser Reihenfolge: Abraham, Isaak, Jakob, Josef, Mose, Aaron und David. Allerdings ist die Idee von den unsichtbaren Gästen in der Laubhütte schriftlich erst im dreizehnten Jahrhundert belegt (*Sohar, Emor,* p. 103 b–104 a.), aber sie könnte auf viel ältere Vorstellungen zurückgehen. Zwar fehlt Elija in dieser Reihe, jedoch ist das Prophetentum auch durch Mose vertreten, der ja im Judentum als „Vater aller Propheten“ gilt; und Elijas priesterliche Rolle wird hier durch Aaron, den

Hohenpriester par excellence, vertreten. David ist auf jeden Fall eine messianische Figur, denn der Messias wird oft als ein David Redivivus dargestellt.

[24] Matthäus 21,1–11; Markus 11,1–11; Johannes 12,12–19.

[25] Harvie B. Branscomb, *The Gospel of Mark.* London, 1937, S. 199f.

[26] Maurice Goguel, *Jesus and the Origins of Christianity.* Band II. New York, 1960, S. 233–251, 400.

[27] *The Interpreter's Bible,* Band VII. Nashville, 1951, S. 502.

[28] 2 Makkabäer 10,1–7.

[29] Josef Blank, *Das Evangelium nach Johannes.* 1. Teil b. Düsseldorf, 1981, S. 300.

[30] Matthäus 21,12.

[31] Methodius, *Das Gastmahl oder über die Jungfräulichkeit,* 9. Gespräch, Kapitel 1.

[32] 2 Korinther 5,1.

[33] Adolf Adam und Rupert Berger, *Pastoralliturgisches Handlexikon,* Freiburg i. Br., 1980, S. 398.

[34] Vgl. *Pessiqta deRabh Kahana,* Kap. 30, ed. S. Buber, p. 192b, 193a.

[35] *Pessiqta deRabh Kahana,* Kap. 30, ed. S. Buber, p. 193b.

[36] Vgl. die Quellen bei Jacob Levy, *Wörterbuch über die Talmudim und Midraschim.* Darmstadt, [3]1963, Band III, S. 681.

[37] Flavius Josephus, *Jüdische Altertümer* III, X, 6.

[38] *Pessiqta deRabh Kahana,* Kap. 30, ed. S. Buber, p. 193a.

[39] Vgl. Hildegard und Julius Lewy, „The Origins of the Week and the Oldest West Asiatic Calendar" in: *Hebrew Union College Annual,* Bd. XVII (1942/43), S. 1–152c; hier: S. 104–109.

[40] Vgl. Elizabeth Petuchowski, *Ein Rabbi kommt selten allein.* Freiburg i. Br., 1983, S. 119.

[41] *Mischnah Megillah* 4,2,4.

[42] *Mischnah Abhoth* 5,22.

[43] Vgl. Robert Gordis, *Judaism for the Modern Age.* New York, 1955, S. 195–203.

[44] Deutsche Übersetzung aus: *Gebetbuch für das ganze Jahr,* bearbeitet im Auftrag des Liberalen Kultus-Ausschusses des Preußischen Landesverbandes jüdischer Gemeinden. Ausgabe für Berlin. Frankfurt a. M., 1933, S. 316.

*Zu Kapitel V: „Das Neujahrsfest"*

[1] Vgl. Leo Baeck, *Das Wesen des Judentums.* Darmstadt, [6]1966, Register, s. v. „Paradoxie".

[2] *Mischnah Rosch Haschanah* 1,2.

[3] Daniel Goldschmidt, Hrg., *Maḥsor Lajamim Hanora-im.* Jerusalem, 1970, Band I, S. 10. Deutsche Übersetzung in: Jakob J. Petuchowski, *Gottesdienst des Herzens.* Freiburg i. Br., 1981, S. 78.

[4] Goldschmidt, *op. cit.* Band I, S. 244.

[5] Vgl. *Siddur Hatephilloth Keminhag Haqera-im.* Band II. Kairo, A. M. 5695.

[6] Vgl. P. Selvin Goldberg, *Karaite Liturgy and Its Relation to Synagogue Worship.* Manchester, 1957, S. 115–119.

[7] Moses Maimonides, *Mischneh Torah, Hilkhoth Teschubhah* 3,4.

[8] *Pirqé deRabbi Eli'eser,* Kap. 31, ed. Warschau, A. M. 5612, p. 72 a.

[9] Seligmann Baer, Hrg., *Seder 'Abhodath Jisrael.* Rödelheim, 1868, S. 391.

[10] Baer, *op. cit.,* S. 407.

[11] Vgl. Jacob Z. Lauterbach, *Rabbinic Essays.* Cincinnati, 1951, S. 299–433.

[12] Nehemia 8,10.

[13] Siehe die Motivierung für das Essen von schmackhaften und süßen Speisen am Neujahrsfest in: Baer, *op. cit.,* S. 391, und das im Ritus des amerikanischen Reformjudentums als Schriftlektion zur Auswahl gestellte 8. Kapitel des Buches Nehemia in: Central Conference of American Rabbis, Hrg., *Gates of Repentance.* New York, 1978, S. 133 f.

[14] Vgl. Isaak Heinemann, *Philons griechische und jüdische Bildung.* Hildesheim, 1962, siehe Register s. v. „Neujahrstag und seine Riten".

[15] Flavius Josephus, *Jüdische Altertümer* III, x, 2. Auffallend ist dabei allerdings, daß Flavius Josephus, im Gegensatz zu den Festkalendern in der Bibel, diesen Tag, gleich nach Sabbat und Neumond, als *ersten* unter den Feiertagen anführt.

[16] *Mischnah Rosch Haschanah* 1,1.

[17] *Mischnah Rosch Haschanah* 1,2.

[18] Vgl. Solomon Zeitlin, „The Second Day of *Rosh Ha-Shanah* in Israel" in: *Jewish Quarterly Review,* Band 44 (1954), S. 326–329.

[1] Jesus Sirach 50, 5–12. Hier bringen wir nur einen Auszug. Das ganze Kapitel sollte in diesem Zusammenhang gelesen werden.
[2] Deutsche Übersetzung von Michael Sachs in: Michael Sachs, Hrg., *Festgebete der Israeliten,* Band IV. Berlin, [16]1885, S. 343 f.
[3] Der vollständige hebräische Text, ohne Übersetzung, in: Goldschmidt, *op. cit.,* Band II, S. 465–485.
[4] Hermann Cohen, *Die Religion der Vernunft aus den Quellen des Judentums.* Leipzig, 1919, S. 257.
[5] Vgl. *Mischnah Joma* 8, 8.
[6] Vgl. Hans Joachim Schoeps, *Israel und die Christenheit.* München und Frankfurt a. M., 1961, S. 33–56.
[7] Apostelgeschichte 27, 9.
[8] Hebräer 10, 18.
[9] *Jalqut Schime'oni.* Psalmen, Paragraph 702; nach p. *Makkoth* II, 6, ed. Krotoschin, p. 31 d.
[10] Vgl. die Zusammenfassung der einschlägigen rabbinischen Quellen in: Moses Maimonides, *Mischneh Torah, Hilkhoth Teschubhah,* Kap. 2.
[11] B. *Joma* 86 b. Zum Ganzen vgl. Jakob J. Petuchowski, „The Concept of ‚Teshuvah‘ in the Bible and the Talmud“ in: *Judaism – A Quarterly Journal,* Band 17 (1968), S. 175–185.
[12] Levitikus 16; Levitikus 23, 26–32; Numeri 29, 7–11.
[13] Jesaja 58, 3–7.
[14] *Mischnah Ta'anith* 2, 1.
[15] *Mischnah Joma* 8, 9.
[16] Levitikus 16, 31; 23, 27; 23, 32; Numeri 29, 7.
[17] *Mischnah Joma* 8, 1.
[18] *Mischnah Joma* 8, 5.
[19] B. *Berakhoth* 17 a.
[20] Vgl. Lauterbach, *op. cit.,* S. 354–376.
[21] *Schulḥan 'Arukh, Oraḥ Ḥajjim, Hilkhoth Jom Ha-Kippurim,* 605, 1.
[22] Vgl. S. Bamberger, Hrg., *Sidur Safa Berura.* Basel, 1964, S. 249 f.
[23] Psalm 107, 10, 14, 17, 18, 19, 20, 21; Ijob 33, 23–24.
[24] Vgl. die Auswahl aus der Versöhnungstagliturgie in: Jakob J. Petuchowski, *Gottesdienst des Herzens.* Freiburg i. Br., 1981, S. 83–97.
[25] Vgl. Abraham Zevi Idelsohn, „The Kol Nidre Tune“ in: *Hebrew Union College Annual,* Band VIII/IX (1931/32), S. 493–509, wo auch verschiedene musikalische Aufzeichnungen zu finden sind.

Neudruck in: Eric Werner, Hrg., *Contributions to a Historical Study of Jewish Music.* New York, 1976, S. 149–165.
[26] Vgl. die Textproben mit englischer Übersetzung in: Jakob J. Petuchowski, *Prayerbook Reform in Europe.* New York, 1968, S. 334–347.
[27] Central Conference of American Rabbis, Hrg., *Gates of Repentance.* New York, 1978, S. 252.
[28] Deuteronomium 6,4.
[29] Levitikus 25,9.
[30] Levitikus 25,10.
[31] *Sepher Maharil.* Bené Berak, A. M. 5719, S. 98, Anfang von *Hilkhoth Sukkoth.*
[32] *Mischnah Ta'anith* 4,8.
[33] *Mischnah Ta'anith* a. a. O.
[34] Vgl. *Schulḥan 'Arukh, Oraḥ Ḥajjim, Hilhoth Jom Ha-Kippurim,* 618,10.
[35] Levitikus 16,30.
[36] *Mischnah Joma* 8,9.

*Zu Kapitel VII: „Das Purimfest"*

[1] Siehe Julius Lewy, „The Feast of the 14th Day of Adar" in: *Hebrew Union College Annual,* Band XIV (1939), S. 127–151. Lewy sieht im jüdischen Purimfest eine Adaption des persischen *Farwardigan* Festes.
[2] Siehe Bernard Grossfeld, Hrg., *The Targum to the Five Megilloth.* New York, 1973, S. 89–170.
[3] B. *Megillah* 7 a.
[4] *Tossephta Megillah* 2, 5, ed. Lieberman, S. 349. Dazu: Jakob J. Petuchowski, „Ha-Megillah Sche-Enennah" (hebräisch) in: *Hadoar* (New York), Band XXXIX (1959), S. 549.
[5] *Midrasch Mischlé* 9,2, ed. S. Buber, p. 31 a.
[6] Vgl. Jakob J. Petuchowski, *Gottesdienst des Herzens.* Freiburg i. Br., 1981, S. 104 f.
[7] Elizabeth Petuchowski, *Das Herz auf der Zunge.* Freiburg i. Br., 1984, S. 18.
[8] B. *Megillah* 7 b.
[9] Vgl. Jakob J. Petuchowski, *Prayerbook Reform in Europe.* New York, 1968, S. 110, 114.
[10] Ester 9,14–19.
[11] *Mischnah Megillah* 1,1.

*Zu Kapitel VIII: „Das Chanukkahfest“*

[1] B. *'Abhodah Sarah* 8 a.

[2] *Mischnah 'Abhodah Sarah* 1,3.

[3] Siehe Hermann Usener, *Das Weihnachtsfest.* Bonn, $^{3}$1969, *passim.*

[4] Vgl. Usener, *op. cit.*, S. 349 f.

[5] Johannes 10,22–23.

[6] Johann Maier, *Grundzüge der Geschichte des Judentums im Altertum.* Darmstadt, 1981, S. 1–42.

[7] Peter Schäfer, *Geschichte der Juden in der Antike.* Stuttgart, 1983, S. 17–77.

[8] Elias Bickermann, *Die Makkabäer.* Berlin, 1935.

[9] Vgl. Joseph Gutmann, *Jüdische Zeremonialkunst.* Frankfurt a. M., 1963, S. 26 f.

[10] B. *Schabbath* 21 b.

[11] Vgl. Numeri 29,12–34.

[12] 2 Makkabäer 1,9; 10,6.

[13] B. *Schabbath* 21 b.

[14] *Massekheth Sopherim* 20,4, ed. Higger, S. 343.

[15] Text mit deutscher Übersetzung in: Bamberger, *op. cit.*, S. 274 f. Melodie in: *Jüdisches Lexikon,* Band III, zwischen Spalte 1372 und Spalte 1373.

[16] Vgl. Jakob J. Petuchowski, *Gottesdienst des Herzens,* S. 105 f.

[17] B. *Schabbath* 21 b. Der Talmud zitiert hier die tannaitische *Megillath Ta'anith, mischnah* 23, und das darauf basierende Scholion.

[18] Scholion zu *Megillath Ta'anith, mischnah* 23, ed. Lurie, S. 170. Vgl. *Pessiqta Rabbathi,* Kap. 2, ed. Friedmann, p. 5 a, wo es heißt, daß die Hasmonäer diese Spieße im Tempel vorfanden.

[19] Johannes 10,22.

[20] Flavius Josephus, *Jüdische Altertümer,* XII, vii, 7.

[21] Vgl. *Pessiqta deRabh Kahana,* Kap. 1, ed. S. Buber, p. 1 a–10 a, und *Pessiqta Rabbathi,* Kap. 1–8, ed. Friedmann, p. 1 a–31 a.

[22] Sacharja 4,6.

[23] Central Conference of American Rabbis, Hrg., *Union Prayer Book,* Band I. Cincinnati, 1895, S. 42–44.

[24] The Rabbinical Assembly of America and the United Synagogue of America, Hrg., *Sabbath and Festival Prayer Book.* New York, 1946, S. 300 f.

[25] Übersetzt aus dem Hebräischen in: Philip Goodman, Hrg., *The Hanukkah Anthology.* Philadelphia, 1976, S. 418.

[26] *Genesis Rabbah* 13,6, ed. Theodor-Albeck, S. 116–117.

*Zu Kapitel IX: „Kosmos, Geschichte und Geist"*

[1] Siehe Jakob J. Petuchowski, „Manuals and Catechisms of the Jewish Religion in the Early Period of Emancipation" in: Alexander Altmann, Hrg., *Studies in Nineteenth-Century Jewish Intellectual History.* Harvard University Press, 1964, S. 47–64.
[2] Psalm 130,7–8.
[3] Vgl. b. *Pessaḥim* 116a.
[4] Vgl. Genesis 2,1–3; Exodus 20,8–11; Exodus 31,16–17.
[5] Vgl. Deuteronomium 5,12–15.
[6] Siehe Jakob J. Petuchowski, *Wie unsere Meister die Schrift erklären.* Freiburg i. Br., 1982, S. 40.
[7] Deuteronomium 8,3.
[8] Levitikus 23,4.

# Personenregister

# Register der hebräischen Fachausdrücke

# Register der christlichen Fachausdrücke und Begriffe

*Von Jakob J. Petuchowski im Verlag Herder bereits erschienen:*

## Es lehrten unsere Meister ...

Rabbinische Geschichten

„Das schön aufgemachte bibliophile Bändchen ist in der Tat eine Entdeckung wert: eine literarische und eine religiöse *(Allgemeine jüdische Wochenzeitung)*

5. Auflage. 128 Seiten, gebunden. ISBN 3-451-18492-3

## Ferner lehrten unsere Meister ...

Neue rabbinische Geschichten

„Heute wird viel von narrativer Theologie geredet. Hier aber ist das beste Beispiel dafür. *(Aachener Volkszeitung)*

128 Seiten, gebunden. ISBN 3-451-18985-2

## Die Stimme vom Sinai

Ein rabbinisches Lesebuch zu den Zehn Geboten

„Die hier gesammelten Texte sind wichtig für Predigt, Meditation und Unterricht *(Die katholische Aktion)*

128 Seiten, gebunden. ISBN 3-451-19276-4

## Gottesdienst des Herzens

Eine Auswahl aus dem Gebetsschatz des Judentums

„Diese klassische Edition erschließt die wesentlichen Texte der jüdischen Literatur auf faszinierende Weise" *(Bibel und Kirche)*

144 Seiten, gebunden. ISBN 3-451-19457-0

## Wie unsere Meister die Schrift erklären

Beispielhafte Bibelauslegung aus dem Judentum

„Ein ökumenischer Durchbruch in der theologischen Einschätzung des christlichen Umgangs mit der Schrift" *(Die Welt der Bücher)*

144 Seiten, Paperback. ISBN 3-451-19684-0

*Von Elizabeth Petuchowski bereits im Verlag Herder erschienen:*

## Ein Rabbi kommt selten allein

Rabbinergeschichten aus Frankfurt und anderswo

„In dem Buch geht es um eine intime Judentumsgeschichte via narrativa. Die Spezies Rabbi gehört zur Gattung zuversichtlicher Lebewesen; dies macht den hoffnungsvollen Ton dieser witzigen Geschichten aus. *(Welt der Bücher)*

„Die gesammelten Geschichten sind von Humor durchzogen und verströmen Lust am Leben. Das alles aber nicht banal-oberflächlich, sondern aus der tiefen Zuversicht, daß Gott es schon richtig machen wird". *(Kirchenblatt f. d. ref. Schweiz)*

„Wer sich für menschliche Eigenheiten interessiert, wird an dem Büchlein seine Freude haben". *(Erwachsenenbildung)*

128 Seiten, gebunden. ISBN 3-451-19743-X

## Das Herz auf der Zunge

Aus der Welt des jüdischen Witzes

„In zehn humorvollen Essays führt die Autorin den Leser ein in die überraschende Weisheit, die sich im Wesen des jüdischen Witzes verbirgt". *(Nebelspalter)*

„Es ist sehr verdienstvoll, nicht nur jüdische Witze zu erzählen, sondern auch ihre Hintergründe aufzuzeichnen. Auch für uns Christen ist das eine Hilfe zum besseren Verständnis des Judentums". *(Weihbischof Walther Kampe, Limburg)*

„Ich habe diesen schönen Band mit großem Vergnügen gelesen ... Selten gelang es einem Buch, Hintergründe und Umfeld so in die Darstellung mit einzubeziehen, daß daraus ein Ganzes entstand". *(Dr. Martin Stöhr, Leiter der Evangelischen Akademie Arnoldshain)*

144 Seiten, gebunden. ISBN 3-451-20075-9